AF389284

LORD BYRON

In-8° 3e série.

LORD BYRON

A. E. DE L'ÉTOILE

LORD BYRON

SA BIOGRAPHIE

ET CHOIX DE SES POÈMES

LIBRAIRIE DE J. LEFORT

IMPRIMEUR ÉDITEUR

LILLE	PARIS
rue Charles de Muyssart, 24	rue des Saints - Pères, 30

Propriété et droit de traduction réservés.

LORD BYRON

(GEORGES GORDON)

Né à Douvres, le 22 janvier 1788. — Mort à Missolonghi, le 19 avril 1824.

BIOGRAPHIE

Georges Byron était petit-fils du célèbre navigateur lord John Byron, qui fit des découvertes maritimes importantes, entre autres, dans l'Océanie, celle des îles Malgraves (1), qui porte son nom.

Le père de lord Byron suivit aussi la carrière maritime; il était capitaine de vaisseau; et sa

(1) Les îles Malgraves sont formées d'un groupe d'îles peu importantes, situées dans le grand Océan équinoxial, au centre de la Micronésie (division de la Polynésie), et que, par cette raison, on désigne sous le nom d'Archipel central. Celle qui porte le nom de Byron, fut découverte par le commodore lord John Byron en 1765.

1

mère, Catherine Gordon de Gight, descendait de la famille royale des Stuart.

Lord Byron n'avait que trois ans lorsque son père mourut, et lady Byron, presque entièrement ruinée, dut se retirer dans le comté anglais de Nottingham, à Newstead, ancienne abbaye donnée par Henri VIII aux ancêtres de son mari.

Cette abbaye, vaste et sombre château abandonné depuis longtemps, avait un aspect de tristesse qui serrait l'âme. Les terres environnantes, arides et incultes, ne produisaient aucune verdure où l'œil pût se reposer, et un maigre bois de pins, où soufflait en gémissant le vent du nord, rompait seul l'isolement absolu de cette antique et féodale demeure.

Tandis que sa mère pleurait amèrement sa fortune passée et qu'elle sentait tout le poids d'un grand nom à soutenir, sans ressources, le petit Byron parcourait seul les appartements froids et immenses, les cours spacieuses et solitaires où poussaient l'herbe et les chardons; puis, effrayé de ce silence et de cette immobilité qui régnaient autour de lui, il se réfugiait dans la vaste cuisine du château, où, le soir venu, quelques rares serviteurs, assis devant un feu mourant, se racontaient, à voix basse, les étranges destinées de tous les lords qui avaient porté le nom de Byron.

Telles furent les impressions premières du grand poète, et l'on n'est plus étonné de retrouver plus tard, dans ses belles compositions, des idées sombres, terribles, mélancoliques et amères.

Lady Byron aimait passionnément son fils ; mais, irritée par le malheur et énervée par la souffrance, son affection se traduisait par le caprice. Tantôt ses caresses étaient aussi multipliées que tendres, tantôt elle le réprimandait avec emportement et souvent avec injustice.

Un jour, exaspérée par une agitation toute fébrile, elle s'oublia jusqu'à vouloir le frapper ; mais l'enfant se mit à fuir pour échapper à cette humiliation. Alors, pleine de ressentiment et de colère, elle lui reprocha une infirmité qui, quoique légère, désolait déjà l'enfant, si beau d'ailleurs. Lord Byron était pied bot, et sa mère, par une indigne raillerie, l'appela *boiteux*. Cette épithète fut tellement sensible au jeune mutin, dont la vie, en quelque sorte sauvage, avait exalté les passions, qu'il s'arrêta subitement, et, de son propre aveu, il sentit dans son cœur un mouvement de haine pour celle qui lui avait donné le jour. Mais ce sentiment, qui montre tout l'orgueil et toute l'exaltation de son âme, n'eut pas de durée.

Il se soumit, pendant longtemps, à de véri-

tables tortures pour chercher à guérir la défec-
tuosité de son pied contrefait ; tous les traite-
ments furent inutiles, et cette infirmité resta la
désolation de toute sa vie.

Cependant il grandissait, et, de plus en plus,
il aimait les excursions dans les bruyères, les
rêveries au bord des lacs, les contemplations de
la nature rude et dépouillée qui l'entourait. Il
aimait à nager dans des eaux profondes et à
conduire un batelet au milieu de l'écume des
torrents.

Le compagnon habituel de ses excursions
était un magnifique chien de Terre-Neuve, dont
l'affection intelligente remplissait dans l'âme
ardente de Byron le vide qu'y laissait la priva-
tion d'un ami ; aussi lorsque ce noble animal
mourut, lord Byron en ressentit une véritable
douleur, et lui composa une épitaphe qu'il fit
placer sur un petit monument funèbre que l'on
voit encore à Newstead.

Enfin sa mère le conduisit à Londres, et il
fut placé dans un collège pour y faire ses études.
Mais au lieu d'application, il ne montra que
de l'audace, et il se boxait sans cesse avec tous
ses camarades. Cependant, l'écolier espiègle et
turbulent avait un cœur bon et sensible. Dans
le collège, il avait voué une tendre amitié au
jeune Robert Peel, le même qui de nos jours

a joué un rôle si important dans les affaires d'Angleterre. Un jour, cet enfant fut attaqué par un des plus grands et des plus forts collégiens, lequel, abusant de sa force, s'était saisi des faibles mains du petit Robert Peel avec l'une des siennes, tandis que de l'autre il le frappait. Byron accourut aux cris de son jeune ami; son premier mouvement fut de se jeter sur l'oppresseur; mais voyant, à la force et à la taille de ce dernier, que toute lutte était impossible, il comprima sa colère et, les larmes aux yeux, la voix tremblante, il lui demanda de lui donner, à lui-même, la moitié des coups qu'il destinait à son ami.

Malgré sa dissipation, il aimait passionnément la lecture et l'étude de l'histoire; on le voyait sans cesse lire, soit à la promenade, soit à table et même dans son lit. Il avait aussi un grand goût pour les contes et les ballades, ce qui le rendit même superstitieux.

Lord Byron passa quelque temps à l'Université de Cambridge, où son esprit, malade et agité, le faisait agir d'une manière non seulement originale, mais fantasque, jusqu'à la plus incroyable extravagance. Ainsi il se retirait souvent seul, ne souffrant pour compagnon qu'un jeune ours qu'il avait apprivoisé. Vers cette époque, un crâne ayant été découvert dans

la terre de Newstead, lord Byron le fit travailler
afin de le transformer en une espèce de tasse
horrible, dont il se servait pour boire dans les
festins. Comme c'est alors qu'il fit paraître ses
premières poésies, il eut beaucoup d'envieux, et
l'on fit grand bruit du crâne de Newstead,
comme d'un acte impie de la part du jeune lord
qui s'avisait d'être poète.

Cependant lord Byron, ayant atteint sa ma-
jorité, voulut prendre sa place à la Chambre
des lords ou des pairs, sa haute naissance lui
en donnant le droit. Il avait pour tuteur un de
ses parents, le comte de Carlisle, et il pensait
que ce seigneur se chargerait de sa présentation ;
le comte ne le lui ayant point proposé, l'orgueil
du jeune lord se révolta, et il résolut, contre les
usages établis, de se présenter lui-même. Cet air
d'isolement et d'abandon flattait sa tristesse
hautaine.

Il se présenta donc seul à la Chambre des
lords, et, pâle d'émotion, il prêta le serment
d'usage. Le lord chancelier quitta alors son siège
et vint, en souriant, vers lui pour le féliciter en
lui tendant la main.

Mais lord Byron, faisant un froid salut,
effleura les doigts du chancelier et se retira en
silence.

Immédiatement après, il s'embarqua pour

Lisbonne, parcourut Malte, la Sicile et la Sardaigne ; puis il se rendit en Grèce, où il visita le fameux pacha Ali, qui, après s'être emparé du pachalik de Janina, s'était rendu maître de toute l'Albanie.

Byron, ayant pénétré en Morée, y tomba malade, et les Albanais, qu'il avait pris à son service, s'étaient tellement attachés à lui, qu'ils menacèrent son médecin de lui trancher la tête s'il ne sauvait leur maître. Heureusement pour le pauvre docteur, Byron guérit.

Byron visita Athènes, Smyrne, Constantinople, Alexandrie et les plaines de l'ancienne Troie. Il semblait que le mouvement continuel fût nécessaire à cette nature ardente et qu'il échappât ainsi aux idées sombres qui bouleversaient son âme. Dans un moment où son vaisseau se trouvait à l'ancre sur les côtes de la Turquie, que baigne l'Hellespont ou détroit des Dardanelles, il renouvela l'exploit du Grec Léandre en traversant ce détroit à la nage.

Il aimait à exposer sa vie, et dépensait follement son existence dans le tumulte des plaisirs. Puis, il se retirait à l'écart ; et ceux qui l'observaient, étaient effrayés des sombres regards de ses beaux yeux et des rides profondes que d'amères pensées amenaient sur son front, marqué par le génie.

Se promenant un jour sur le pont d'un navire turc, il s'arrêta tout à coup devant le yatagan d'un des officiers; il souleva l'arme pesante et, tirant lentement la lame du fourreau, il murmura à demi voix :

— Je voudrais savoir ce qu'éprouve un homme qui vient de commettre un meurtre. »

Enfin l'amour de la patrie le rappela en Angleterre, et il fit ses préparatifs de départ. Malgré son caractère bizarre et inégal, il s'était rendu cher à tous ceux qui l'avaient connu ou servi, et on lui témoigna des regrets et un attachement si sincères, qu'il fit un retour rempli d'amertume sur le moment où il avait quitté sa patrie. Là, c'étaient des parents et des compatriotes qu'il laissait; ici, des étrangers et des esclaves; et cependant, pas une main n'avait alors tenté de s'opposer à son départ, tandis que maintenant mille voix suppliantes, mille bras caressants s'efforçaient de le retenir. Il exprime ce contraste avec un sentiment d'humiliation qui part d'un cœur ulcéré.

Il revint de l'Orient, riche de souvenirs et d'impressions nouvelles. Il semblait que sa véritable nature se fût réveillée au milieu de la grandeur sauvage des contrées qu'il venait de parcourir et des peuples passionnés avec lesquels il avait vécu. Cette existence tout à la fois molle et ardente sous le ciel brûlant du Midi, ces aventures nombreuses, ces mystères sanglants, ces scènes majestueuses d'une nature splendide revêtue de l'éclat d'un soleil de feu, ces grands noms de l'antiquité murmurés par les pâtres grecs, ces villes autrefois sans rivales maintenant ensevelies sous l'herbe des champs, enfin cette atmosphère parfumée qui semble infiltrer la poésie dans chaque aspiration de l'homme, tout ce magique ensemble convenait à Byron, qui n'avait reçu du sol natal que les fiers instinctsdu Nord.

Ce fut dans ce voyage en Orient que Byron recueillit les éléments avec lesquels il composa, plus tard, la plus grande partie de ses œuvres. Pendant qu'il était tout occupé à les classer et à les mettre en ordre pour l'impression, il apprit que sa mère venait de tomber malade. Il se hâta de voler auprès d'elle ; mais, quelque diligence qu'il fît, il arriva trop tard : elle venait d'expirer. Son désespoir fut immense ; il passa la nuit entière auprès du lit funéraire, au milieu des sanglots et des larmes, et répétant sans cesse :

— Je n'avais qu'une amie, une seule amie, et elle n'est plus !...

Cependant, dès que le jour parut, un orgueil sombre remplaça la tendresse de ces démonstrations. Renfermant sa douleur dans son âme, mais se défiant sans doute de lui, il refusa de

suivre les funérailles, ainsi que c'était l'usage ;
seulement il se tint debout sur le seuil de la porte
de la salle d'apparat, regardant, immobile, dé-
filer le lugubre cortège. Il se tourna ensuite vers
un de ses serviteurs et lui ordonna de lui apporter
ses gants de combat pour se livrer à l'exercice
de l'escrime, ainsi que c'était sa coutume. Son
domestique lui obéit, et put considérer, pendant
quelques instants, cet homme étrange qui voulait
maîtriser sa douleur par une fatigue violente.
Mais bientôt la nature réclama ses droits. Byron
s'arrêta, jeta ses gants et son fleuret à terre, et
s'enfuit, désolé, dans sa chambre.

Après avoir réglé les affaires de sa succession,
il retourna à Londres, où il s'occupa de l'impression de son poème *Child-Harold*. Avant la publi-
cation de cet ouvrage, il voulut faire son début
d'orateur à la Chambre des lords. Il y obtint
un succès brillant, qui ne fut que le prélude de
celui qui l'attendait après que son poème eût
paru. Ce succès fut tel, que l'auteur a pu écrire,
sans exagération, dans ses notes :

— Je m'éveillai un matin, et je me trouvai
célèbre.

Dès ce moment, la gloire littéraire de lord
Byron ne fit qu'augmenter et s'étendre. Ses
ennemis augmentèrent avec elle. Malheureusement sa conduite privée ne donna que trop de

prise à la malveillance et à l'envie, et il fut littéralement abreuvé de dégoûts au milieu de ses triomphes.

Cependant il songea à se marier. Ses amis, voulant lui faire épouser une riche héritière nommée miss Milbanke, le présentèrent à cette jeune personne. Lord Byron était superstitieux et croyait aux présages. Ainsi, le jour de sa présentation, préoccupé sans doute par cette pensée, il tomba en montant l'escalier qui devait le conduire où se trouvait miss Milbanke. Ce petit accident lui sembla de si mauvaise augure qu'il s'est toujours reproché depuis de n'avoir pas écouté cet avertissement et d'avoir continué à demander la main de la jeune miss. Celle-ci, jolie, bien faite, très riche, ne témoigna que réserve ou plutôt que froideur au poète, recherché de tous. Cette conduite inspira à lord Byron un désir de plaire qui finit par se changer en un attachement véritable, et il ne tarda pas à demander sa main. La jeune miss refusa d'abord, mais dans des termes qui, loin d'offenser Byron, lui donnèrent de l'espoir. En effet, quelques mois plus tard, elle accepta l'offre du lord.

A ce moment, lord Byron était dans une situation d'esprit où il sentait le besoin des affections douces et des joies paisibles de la famille. Sa popularité allait en décroissant ; ses ennemis l'attaquaient avec un acharnement qu'il affectait de mépriser, mais qui le dévorait d'un chagrin sombre et qui le portait à la haine de lui-même. Il lui semblait enfin que la société d'une épouse, non seulement le rattacherait à la vie, mais lui ferait oublier tous ses ennuis.

Il pressait donc les préparatifs de son hymen lorsque, peu de jours avant, il se rendit à Newstead. Après avoir parcouru tous les sites qui lui rappelaient sa mère et sa première enfance, il rentrait un soir, lorsqu'il crut apercevoir, à la faible lueur du crépuscule, un moine qui se promenait lentement dans le petit bois de sapins. Il parla de cette vision à son concierge, qui s'écria en tremblant :

— Dieu conserve milord !... Votre seigneurie a vu le spectre de l'abbaye et il ne se montre que lorsque quelque malheur menace la famille. Depuis la mort de milady, il n'avait plus reparu.

Sans doute que quelque reflet d'optique produisait, de temps en temps, une espèce d'ombre dans cette direction du bois, et cela avait accrédité cette superstition ; mais lord Byron en fut profondément frappé.

Cependant le jour des noces fut fixé, et l'on décida que le mariage se célébrerait à Newstead. Tout était prêt, et la cérémonie devait avoir lieu le soir, lorsque, en bêchant la terre, le jardinier trouva une bague qui avait appartenu à la mère de lord Byron. Celui-ci prit le bijou, le considéra longtemps ; puis, avec un sourire étrange, il prétendit que c'était un présent envoyé par la mort et il voulut que cette bague servît d'anneau nuptial.

Le soir venu, il se rendit à la chapelle du château avec ses parents et sa fiancée. C'était au mois de janvier ; un froid sombre glaçait l'air dans ce lieu déjà humide. La mère de miss Milbanke pleurait sans contrainte, lord Byron tremblait comme une feuille ; d'après le récit qu'il en fait lui-même, il était tellement troublé qu'il répondit avec la plus grande incohérence aux questions d'usage, et, après la cérémonie, il ne sut pas appeler *milady* sa jeune et impassible épouse, qui, seule, conservait un calme inaltérable. Dès lors, il connut la caractère de celle à laquelle il venait d'unir sa destinée. En effet, rien n'était plus froid, plus méthodique, plus esclave des préjugés que la jeune lady. Jamais cette femme ne sut sacrifier un devoir d'étiquette, une habitude reçue, un projet insignifiant aux goûts ou aux désirs de son époux. Et cependant, malgré ce caractère froid et compassé, elle était jalouse à l'excès. Il est impossible d'exprimer ce que la désillusion qu'éprouva lord Byron eut de cruel. Bientôt, pour s'étourdir, il se livra plus que jamais aux dissipations de tous les genres, et non seulement sa fortune, mais celle de sa femme fut tellement compromise, qu'un jour, les créanciers, impatients et soupçonneux, vinrent saisir jusqu'au mobilier de l'hôtel habité par lord et lady Byron. L'épouse, déjà mécontente, se retira pleine d'indignation et de rancune, et il ne fut plus possible de lui parler de pardon pour son coupable époux. Celui-ci, touché de remords, fit des efforts sincères pour réparer ses torts nombreux ; mais ses plus touchantes supplications furent accueillies avec un dédain qui le désespéra. Il partit d'Angleterre et alla en Grèce, où il espéra longtemps que sa femme le rappellerait. Il épancha toutes les douleurs de son âme dans les lettres qu'il écrivit à sa sœur Augusta, cette véritable amie qui ne changea jamais pour lui. Enfin, voyant ses espérances déçues, il reprit sa vie coupable et aventureuse d'autrefois et s'occupa de nouveau de poésie.

Cependant son activité inquiète et habituelle se perdait peu à peu, et une sorte de langueur maladive le saisit. Cet homme, si bien fait pour comprendre le beau et le bon, n'avait pas joui d'un jour de bonheur véritable parce que sa conscience ne fut jamais bien avec lui-même ; c'est pour cela que le mal que ses envieux disaient de lui, lui était si cruellement pénible, attendu qu'il y trouvait un fond de vérité. Il sentait un besoin impérieux de se réconcilier avec l'opinion publique par quelque action d'éclat que l'envie elle-même fût forcée d'admirer.

A cette époque, 1823, la lutte des Grecs contre les Turcs, leurs oppresseurs, était dans toute son énergie. L'Europe entière considérait le champ du combat. Lord Byron résolut de se dévouer à la cause d'un peuple de braves, disputant leur indépendance à l'injustice et à la force, et, consacrant à la liberté hellénique les restes de sa vie et de sa fortune, il alla se ranger parmi les Grecs.

Son arrivée à Missolonghi fut un véritable triomphe. On tira le canon à son approche ; le prince Maïrocordato, l'un des chefs de l'insurrection, vint le recevoir à la tête de ses troupes, tandis que les acclamations de la multitude l'accueillaient partout sur son passage.

Le premier emploi que Byron fit de son influence fut en faveur des prisonniers Turcs ; il les sauva de la mort, et les envoya, à ses frais, à Paros. Peu après, un croiseur grec ayant capturé une chaloupe turque où se trouvaient, comme passagers, un grand nombre de femmes et d'enfants, lord Byron demanda qu'on les mît à sa disposition, et rien n'est touchant comme la scène qui suivit. Ces femmes infortunées lui furent amenées, et il les interrogea, par le moyen d'un interprète. L'une d'elles prit la parole et lui dépeignit leur triste situation avec une éloquence si touchante et si naturelle, que Byron, profondément ému, se hâta de leur annoncer qu'elles étaient libres. La reconnaissance naïve de ces femmes fit couler les larmes de leur libérateur.

Lord Byron s'employa activement, tant par lui-même que par les sommes qu'il fournissait, à organiser de nouveaux corps de troupes pour aider les Grecs; il se donnait des fatigues incroyables. Tant d'agitations enflammèrent son sang, et il se sentit atteint d'un mal subit. Il crut n'avoir besoin que de quelques jours de repos; mais il fut bientôt saisi d'accès de délire. Son domestique, nommé Fletcher, qui ne l'avait jamais quitté et qui lui était fort attaché, éprouva une vive inquiétude; il appela un médecin français qui se trouvait à Zante. Mais le mal fit de tels progrès, que le malheureux Byron n'eut plus que quelques moments lucides. Dans un de ces instants, comme il sentait toute la gravité de son état, il appela son fidèle Fletcher, et il essaya de lui dicter ses dernières volontés; mais la vie s'échappait rapidement, et ce fut en vain qu'il voulut parler avec suite. Une douleur profonde accablait cet homme dont le cœur aimant, malgré ses travers, dont l'âme croyante, malgré ses fautes, songeait à sa femme, à sa fille, à sa sœur et à son Dieu! Cette justice divine qui le frappait sur un sol étranger, loin de sa patrie et de ses plus chères affections, il la sentit sans en murmurer. Ses paroles entrecoupées nommaient avec amour et repentir son inflexible épouse, sa fille adorée, et cette amie, si tendrement aimée, sa sœur. Puis, voyant qu'il ne pouvait parvenir à lier ses idées et que ces êtres chéris ne pourraient recevoir ni ses derniers adieux ni ses derniers désirs, il s'écria avec une douleur résignée :

— Mon Dieu, que votre volonté soit faite !

Peu d'instants après, il avait cessé de vivre.

Sa mort fut considérée comme un désastre par la Grèce entière. Tous les témoignages que peuvent inventer la reconnaissance et la douleur furent prodigués à ses restes. Puis, les dépouilles du grand poète furent enfermées dans un cercueil, transportées sur un navire jusque en Angleterre, et déposées à Newstead, près des restes de sa mère.

POÈMES

LA FIANCÉE D'ABYDOS

Ce poème est une nouvelle turque dont la scène se passe à Abydos (1). C'est un des mille épisodes tragiques, si communs dans l'histoire des Orientaux. Il se divise en deux chants, et la poésie en est si belle, si douce et si harmonieuse qu'elle fait passer sur le fond peu vraisemblable du sujet.

(1) Abydos est une ville de la Turquie d'Asie, située au nord-ouest sur l'ancien Hellespont, aujourd'hui détroit des Dardanelles, à l'endroit le plus resserré de ce détroit. Abydos se nomme aujourd'hui Nogara Bouroun.

Il y eut dans l'antiquité une autre Abydos dans la Haute-Egypte, au nord-ouest de Thèbes. Elle se nomme aujourd'hui Madfuneh, c'est-à-dire la ville enterrée et ne présente plus qu'un amas de ruines. En 1818, un savant anglais nommé Bankes, y trouva sur les murs d'un temple, une table chronologique des anciens rois d'Egypte. Cette table désignée sous le nom de table d'Abydos, se trouve au musée britannique de Londres. Deux autres tables chronologiques des rois égyptiens ont été découvertes plus tard, l'une en 1861 à Memphis, on la nomma table de Memphis; et l'autre en 1864, nommée nouvelle table d'Abydos, parce qu'elle a été découverte dans les fouilles du grand temple d'Abydos.

CHANT PREMIER

Dans ce premier chant, l'auteur commence par
décrire le climat de l'Orient, qu'il nomme la
terre du soleil. Il dit : « Connaissez-vous le
pays du cèdre et de la vigne, où sont des fleurs
toujours nouvelles, un ciel toujours brillant ; où
les ailes légères du zéphir, au milieu des jardins
de roses, s'affaissent sous le poids des parfums ;
où le citronnier et l'olivier portent des fruits si
beaux ; où la voix du rossignol n'est jamais
muette ; où les teintes de la terre et les nuances
du ciel, quoique différentes, rivalisent de beauté ;
où les vierges sont suaves comme les roses de
leurs guirlandes ; où, excepté l'esprit de l'homme,
tout est divin. »

Ensuite, il transporte le lecteur dans l'intérieur
du palais du sultan Giaffir, vieillard au regard
sombre et profond. Il est entouré de ses esclaves
équipés pour le combat, et des officiers de sa
maison. Le front de Giaffir semble chargé d'une
préoccupation soucieuse ; bientôt il congédie
d'un ton bref toute sa suite, ne gardant auprès
de lui que son fils unique, le beau Sélim, et le
Nubien Haroun, qui est le chef de la garde du

sérail. Il ordonne à ce dernier de lui amener sa fille bien-aimée, Zuleïka, dont il veut fixer le sort.

L'esclave se dispose à obéir, lorsque Sélim s'avance, et, après s'être prosterné devant le sultan, il lui dit, avec un respect mêlé d'embarras, qu'il implore son indulgence et qu'il le supplie de ne point s'irriter ni contre sa sœur, ni contre son gardien, mais contre lui, Sélim, qui, voyant la matinée si fraîche et la mer si splendide, n'a pu résister au désir de faire partager à sa sœur la vue de ce magique spectacle, et que, se servant de son droit de pénétrer jusqu'à elle, il l'a emmenée dans les jardins où elle se trouve encore.

A ces mots, la colère de Giaffir est au comble, et il accable Sélim des épithètes les plus outrageantes, le nommant même fils d'une esclave.... On sent que la tendresse manque dans le cœur de Giaffir envers Sélim, et celui-ci, oubliant enfin de se contraindre à la vue de tant d'injustice, lance un regard étrange au sultan, et se retire fier et courroucé.

Giaffir demeure inquiet; un souvenir, semblable au remords, paraît le troubler; il murmure des paroles de crainte, de haine et de menace; mais, en apercevant sa fille chérie qui accourt légèrement auprès de lui, son visage s'éclaircit, et il l'accueille avec une tendresse sans égale.

Ici l'auteur fait la description de cette jeune fille, et il est difficile de lire rien de plus ravissant. Il la dit : belle comme la première femme, éblouissante comme une vision céleste, douce comme le souvenir, pure comme la prière. Aussi, à sa vue, le chef farouche n'est plus qu'un père indulgent et affectueux, et il hésite à accomplir le projet qu'il a formé. Cependant l'ambition l'emporte, et il annonce à sa fille qu'il a conclu pour elle une alliance illustre et qu'elle est, dès ce moment, la fiancée du bey Oglou.

A cette nouvelle, l'infortunée jeune fille sent son cœur se serrer, mais elle n'ose prononcer une parole. Giaffir frappe des mains, et on lui amène son coursier arabe sur lequel il s'éloigne, tandis que Zuleïka se retire, pensive, dans son appartement.

Sélim ne tarde pas à la rejoindre. Elle lui confie les ordres qu'elle vient de recevoir. Au nom du fiancé de sa sœur, le jeune homme frémit. Il voit qu'il est temps de découvrir à Zuleïka un secret qu'elle a ignoré jusqu'à ce jour, et pour le faire plus sûrement, il lui dit que, dès que le crépuscule se sera étendu sur l'horizon, il viendra la chercher, et qu'il lui fera une confidence importante lorsqu'ils seront sur le bord de la mer.

CHANT DEUXIÈME

Au second chant, le poète décrit une nuit sombre et orageuse : le vent mugit, les vagues courroucées viennent, en grondant, se briser sur le rivage. Une seule lampe brille comme une étoile ; c'est la lampe de la chambre de Zuleïka, chambre somptueuse où l'ottomane en soie, la lampe en or richement ciselé, les plus précieux tissus d'Iram, les parfums les plus suaves, les plus beaux tapis, les vases de Chine contenant les fleurs les plus rares, en un mot, tout ce qui peut charmer les yeux se trouve réuni.

Zuleïka, après s'être enveloppée d'un vêtement noir que les plus nobles musulmanes ont seules le droit de porter, quitte cette charmante demeure. Elle marche d'un pas timide à travers les broussailles, et, quoique son frère soit avec elle, elle tressaille aux sombres murmures du vent dans le feuillage.

Enfin ils arrivent à une grotte creusée dans le roc par la nature. Une lampe de bronze éclaire d'une lueur incertaine cet endroit réduit, et laisse apercevoir des faisceaux d'armes brillantes mais d'une forme bizarre et étrangère.

Zuleïka se tourne vers Sélim pour l'interroger, et sa surprise est extrême en voyant le costume qu'il a revêtu. Il a changé sa robe magnifique pour un habit presque guerrier ; le riche poignard qui ornait sa ceinture est remplacé par des pistolets ; un sabre pend à son baudrier ; une veste à plaques d'or recouvre sa poitrine comme une cuirasse ; ses bottines sont ornées de lames d'argent, tandis que, sur son épaule, flotte le blanc manteau que porte le Candiote errant. Mais l'air d'autorité qui éclate dans son regard et dans ses gestes fait deviner en lui un chef.

Alors le jeune homme, la faisant asseoir sur un banc rustique, prend place auprès d'elle et commence sa révélation.

Il lui apprend que Giaffir avait autrefois un frère nommé Abdallah, que son courage et ses qualités avaient mis au premier rang des chefs. Un hardi rebelle, Paswan, ayant levé l'étendard de la révolte contre l'empire ottoman, tous les chefs fidèles furent appelés au combat : parmi eux se trouvaient Abdallah et Giaffir ; ils accoururent chacun à la tête de ses braves soldats, pour occuper le poste qui leur était assigné ; mais Giaffir, poussé par l'ambition, la jalousie et l'avarice, profitant de tout le tumulte des armes, gagna un infâme esclave qui mêla du poison au breuvage d'Abdallah. Celui-ci, dévoré par une fièvre ardente, ne tarda pas à succomber, et son pachalik devint l'héritage de son coupable frère.

Cependant Haroun le Nubien, alors au service d'Abdallah, fut témoin de la mort de son maître et en découvrit l'auteur. Le pauvre esclave fidèle, ne pouvant venger le meurtre de son chef aimé, résolut au moins de conserver la vie au fils de ce chef. Il prit donc le petit prince, et, se présentant au farouche Giaffir, il le supplia de protéger ce jeune parent devenu si tôt orphelin. Giaffir ne repoussa point cette prière, et, soit remords, soit crainte, il promit à Haroun d'adopter son neveu, à condition que sa véritable naissance ne serait jamais révélée. Cet enfant n'est autre que Sélim. Depuis son adoption, il grandit dans le palais de Giaffir dont on le croit le fils, et on lui rend tous les honneurs dus à l'héritier du grand chef.

Cependant le fidèle Haroun a tout révélé à Sélim, que Giaffir lui a ordonné de surveiller sévèrement; et pendant un voyage de Giaffir, Haroun laisse à Sélim la liberté de parcourir les îles de l'archipel, que lord Byron compare à des perles semées sur le diadème de pourpre de la mer.

Dans ses excursions, Sélim vient à connaître une bande de marins aventureux, réunion d'hommes de toutes croyances et de toutes nations et qui le choisissent pour leur chef. Sélim ajoute que, depuis lors, il a souvent revu sa troupe fidèle dans cette grotte où Zuleïka se trouve en ce moment; qu'il n'attendait que l'occasion favorable pour quitter, sans retour, le palais de Giaffir, en qui il ne peut voir que le meurtrier de son père, mais auquel, en considération de Zuleïka, il ne fera jamais de mal. Qu'il croit l'instant arrivé, attendu que cet Oglou, que l'on propose pour époux à la jeune fille et dont elle est la fiancée, est un être odieux, incapable de l'apprécier et de la rendre heureuse, et que Giaffir ne lui a promis sa main que par politique et par ambition. Ainsi donc Sélim se servira de ses vaillants soldats pour la sauver de cet affreux hymen, en la transportant, ainsi que lui, loin de ces lieux, et il lui offre le nom d'époux en échange de celui de frère.

Pendant que Zuleïka, immobile d'étonnement et d'horreur, écoute cet affreux récit, un bruit se fait entendre de deux points opposés. D'un côté, c'est Giaffir à la tête de ses gardes; de l'autre, c'est le bruit des rames des barques montées par les fidèles de Sélim.

Zuleïka voit le danger que court Sélim si

Giaffir se saisit de lui ; aussi le supplie-t-elle de fuir au plus tôt vers la mer. Sélim cède à ce conseil, et, pour hâter la venue de sa troupe et la diriger de son côté, il lui faut donner un signal : c'est un de ses pistolets qu'il décharge.

Cette détonation dirige les rameurs de son côté, mais elle a guidé aussi Giaffir et ses satellites. Sélim ne se donne que le temps d'assurer de nouveau à Zuleïka qu'il ne fera aucun mal à son père ; puis, saisissant son sabre, il s'ouvre un passage au milieu des gardes de Giaffir et court vers le rivage. Déjà son pied touche l'une des barques, lorsqu'il se retourne une dernière fois pour voir si Zuleïka est en sûreté. A ce moment une balle part, siffle et vient percer la poitrine du jeune homme.... Cette balle, c'est la carabine de Giaffir qui l'a dirigée, et une satisfaction farouche illumine ses traits lorsqu'il voit tomber Sélim dans les flots rougis de son sang.

Cette joie cruelle de Giaffir n'a point de durée. Après qu'il a vu fuir le dernier esquif de la bande dispersée, il revient pour retrouver sa fille chérie ; mais il ne trouve plus qu'un corps inanimé et sans vie.... La douleur a brisé cette plante précieuse et délicate, et cette ravissante créature a succombé à sa première souffrance.

Bientôt l'innocente Zuleïka repose à jamais sous la pierre du tombeau ; mais un génie parti-

culier semble veiller sur ses cendres, et tandis
que tout est triste et lugubre dans ce champ
consacré à la mort, une rose blanche et parfumée
fleurit constamment sur sa tombe et le rossignol
y soupire ses plus doux accords.

LE CORSAIRE

Le sujet de ce poème, divisé en trois chants,
roule tout entier , sur l'existence mystérieuse et
terrible d'un corsaire redouté, qui, à la tête d'une
troupe nombreuse de pirates, désole les mers par
une infinité de pillages et de meurtres.

Il a pour retraite une île dans laquelle il règne
en souverain, et où demeurent tous les pirates
avec leurs femmes et leurs enfants.

Il serait difficile de faire accorder la régularité de
la vie de famille que mènent ces hommes avec les
excès de cruauté et de brigandage auxquels ils se
livrent dans leurs expéditions; mais dans la plupart de ces poèmes comme dans celui-ci, lord
Byron a su faire pardonner l'invraisemblance du
sujet ou des circonstances par la magie de son
style et la richesse de son imagination. Il est aisé
aussi de reconnaître, dans la description de presque tous ses héros, qu'il ne les a créés qu'en se
personnifiant lui-même. On le retrouve dans tous,
soit dans l'extérieur qu'il leur donne , soit dans
les sentiments qu'il leur prête.

CHANT PREMIER

Le poète entre en scène par un chant sauvage et guerrier retentissant dans l'île du corsaire, et que font entendre ceux de la troupe qui sont autour du feu de garde. Les autres pirates, disséminés dans l'île, jouent, boivent ou aiguisent la lame de leurs poignards et le fer tranchant de leurs sabres d'abordage, tandis que quelques-uns radoubent les chaloupes, tendent des filets ou errent pensifs sur le rivage.

Quant au chef, être mystérieux et terrible, il ne se mêle jamais aux hommes de sa troupe. Nul d'eux ne sait d'où il vient; jamais il n'a souffert qu'on l'interrogeât sur ses projets; il ne se montre que pour commander. Sa parole est brève, et son coup d'œil est aussi sûr que sa main. Il ne s'associe pas à la joie des festins; pour lui, la coupe ne se remplit jamais, et le plus frugal de ses hommes se lasserait bientôt des mets dont il se nourrit : un pain grossier, les végétaux les plus simples, et quelquefois le luxe des fruits de l'été, voilà ce qui couvre sa table d'anachorète.... Mais tandis qu'il repousse ainsi les jouissances grossières, son âme semble s'élever et se fortifier sans cesse. Il aime les périls, il prévoit et évite les dangers, et il est jaloux d'un commandement que personne ne songe à lui disputer.

Tout à coup, une voile parait à l'horizon.... Les pirates s'agitent, car c'est peut-être un vaisseau ennemi qui les cherche, ou bien une capture riche et facile.... Bientôt tous les doutes cessent : dès qu'il est sûr d'être aperçu de ceux qui l'observent, le navire déploie, au souffle de la brise, son large drapeau couleur de sang, et les pirates reconnaissent un de leurs propres vaisseaux, qui revient d'une expédition.

Ceux qui abordent sont reçus avec empressement par leurs compagnons du rivage, par leurs femmes et leurs enfants ; mais sans vouloir s'arrêter, les commandants de l'embarcation courent à la recherche de leur chef pour lequel ils ont une missive importante et secrète.

Ils gravissent le petit sentier creusé dans le roc et qui conduit au sommet de la montagne où se trouve la maison de Conrad le corsaire. Le site qu'ils parcourent est pittoresque et sauvage : d'épais buissons, des fleurs sans culture, des sources argentées pleines de fraîcheur et qui pétillent, avec un doux murmure, dans leurs bassins de granit.

Enfin un homme se présente à leur vue.... Debout, les regards tournés vers la mer, il s'appuie, pensif, sur sa redoutable épée. Sa taille ne dépasse pas l'ordinaire ; ses membres sont vigoureux, quoique minces ; son front, pâle et élevé, est ombragé par les boucles nombreuses de sa noire chevelure ; ses traits, brunis par le soleil, sont illuminés par des yeux étincelants qu'ombragent ses noirs sourcils.... Tout son ensemble enfin offre, à l'observateur, quelque chose qui impressionne, qui le distingue de la foule, mais qu'on ne saurait définir. La voix de cet homme est douce et grave ; sa contenance calme, et cependant il semble vouloir cacher un sentiment secret car souvent le mouvement de sa lèvre supérieure révèle des pensées hautaines, qu'il cherche, en vain à dissimuler. Du reste, dès qu'il s'aperçoit qu'on l'observe, son regard devient tellement sévère que bien peu de personnes peuvent en soutenir l'expression.

Son rire, dit le poète, a quelque chose d'infernal qui soulève des émotions de rage ou de crainte, et lorsque l'on a vu la haine dans son regard sombre, il faut dire adieu à l'espérance et à la pitié.

Conrad n'avait pourtant pas été destiné à commander à des coupables et à devenir l'instrument le plus redoutable du crime. Son âme avait subi de grandes altérations avant qu'il eût déclaré la guerre à l'humanité, et qu'il fût devenu si répré-

hensible envers le Ciel. Le monde l'avait trompé
et méconnu, la calomnie avait ulcéré ce cœur fier
et orgueilleux, et, n'écoutant que son ressentiment, il se crut appelé à venger sur tous, les torts
de quelques-uns.... Il se savait coupable, mais il
croyait les autres hommes aussi coupables que lui
et plus hypocrites; il se savait détesté, mais
redouté, et il était sûr que son nom pouvait inspirer la haine, mais non le mépris.

Qui dirait qu'un pareil être avait un cœur
capable des affections les plus douces ; il en était
pourtant ainsi, et la tendresse infinie que lui
témoignait sa jeune épouse prouvait qu'il savait,
non-seulement comprendre les délicatesses de
l'âme d'une femme mais y correspondre. Ses
manières envers elle avaient quelque chose de
si doux; il paraissait si reconnaissant du bonheur
qu'il trouvait auprès d'elle ; il l'entourait de tant
de prévenances que, malgré les nuages de son
front, le vague prolongé de ses regards et les
préoccupations terribles de son esprit, sa compagne l'aimait avec un dévouement sans bornes.
Elle ne voyait que le côté hardi et courageux de
sa profession, dont elle ignorait tous les détails.

Dès que les hommes, qui cherchaient Conrad,
l'aperçoivent, ils s'avancent avec tous les dehors
du respect, et lui remettent la dépêche dont ils
sont chargés. Pendant que le corsaire la lira, ils

espèrent découvrir sur ses traits quel peut en être le contenu ; mais lui, soit qu'il devine leur pensée, soit par suite de sa fierté habituelle, après s'être légèrement incliné, se détourne, rompt le cachet, parcourt le papier, et presque aussitôt il leur dit d'une voix brève, mais ferme, de retourner à leur navire et de se tenir prêts à partir dans une heure. Il ajoute que l'on prépare ses armes, attendu que c'est lui qui commandera cette expédition qui ne souffre ni délai ni retard.

Tandis que les pirates s'éloignent en toute hâte pour lui obéir, Conrad s'arrête un instant à les voir descendre le sentier, mais dès qu'il les a perdus de vue, sa contenance fière et hautaine change tout à coup. Ses yeux se portent, avec une tristesse profonde, vers sa solitaire demeure ; il pense au chagrin que va ressentir sa jeune femme à la nouvelle de cette brusque séparation, et lui, qui ne connut jamais ni l'hésitation ni la crainte, craint et hésite en ce moment.

Cependant il se décide, et l'auteur peint, avec son talent et son charme ordinaires, la scène des adieux du corsaire et de sa blonde compagne la ravissante Médora.

Enfin, s'armant de tout son courage, il descend à pas précipités le sentier rocailleux de la montagne et, peu d'instants après il se trouve au milieu

de sa garde, qui se range en silence autour de
lui. Alors, il fait venir celui qui commandera l'île
en son absence et lui ordonne de veiller sur sa
demeure où reste son épouse désolée. Il ajoute
que, dans trois jours il compte être de retour, puis
il s'élance dans sa chaloupe, jette un dernier
regard à la montagne et vogue ensuite à toute
voile.

CHANT DEUXIÈME

Dans le chant second, l'auteur dévoile les projets du corsaire en traduisant ses pensées, pendant qu'appuyé sur le bord du navire il regarde
fuir la blanche écume que laisse le rapide sillage
aux flancs noirs du bâtiment.

Un de ses espions lui a donné avis que le pacha
de Coron (1), nommé Seyd, a résolu d'armer une
petite flotte pour venir surprendre l'île du corsaire, s'emparer de ce chef avec tous les siens et
détruire à jamais sa retraite.

L'expédition de Seyd est marquée pour l'aurore
suivante, et l'intrépide Conrad, voulant conjurer

---

(1) Coron est une ville grecque, située dans la Morée, au sud,
sur la côte est du golfe de Coron, autrefois golfe de Messénie.

le danger, va au-devant de son puissant ennemi,
qu'il espère surprendre la nuit même.

Ensuite, lord Byron transporte le lecteur dans
l'intérieur du palais de Seyd qui, avant de partir,
a voulu donner une fête à tous les officiers qui
doivent l'accompagner. C'est déjà la nuit... le
banquet est splendide. Le pacha promet une victoire prompte et complète. Le repas touche à sa
fin lorsque l'on annonce un pauvre derviche turc
qui était tombé entre les mains des corsaires et
qui a pu s'échapper de leur île. Le pacha le fait
introduire parce qu'il veut l'interroger lui-
même.

Le saint homme s'approche : son pas est
modeste sans être timide; sa longue robe de bure,
ses traits pâles et amaigris par les austérités et
par le jeûne, ses bras croisés sur la poitrine,
tout en lui, inspire le respect.

Le pacha lui demande comment il est tombé
entre les mains des pirates. Le derviche dit que
le vaisseau qu'il montait pour se rendre à Scio (1)
a été pris par les corsaires et que ses compagnons
sont demeurés prisonniers; que pour lui, cette

(1) Scio ou Chio, île de l'Archipel, située sur la côte occidentale
de la Turquie d'Asie, à l'ouest de Smyrne. Cette île, très fertile, a
été nommée par les Turcs, Saki-Andassi, c'est-à-dire l'île au
mastic, à cause de la gomme parfumée appelée mastic, et que l'on
tire par incisions du lentisque, arbre toujours vert, qui abonde
à Chio.

nuit même, profitant de la négligence de ses gardes, il a pu gagner une barque et se sauver.

Alors le pacha lui demande si les pirates se doutent qu'ils vont être attaqués jusque dans leur repaire et s'ils font une garde bien exacte. Le derviche répond qu'un pauvre reclus comme lui, ne peut être informé des projets des pirates, et que pour ce qui est de la garde, elle n'est pas très exacte puisqu'il a pu se sauver. Il ajoute, qu'étant exténué de fatigue et de besoin, il demande au pacha la permission de se retirer afin d'aller réparer ses forces.

Le farouche Seyd s'impatiente de ces demi-réponses, et dit durement au derviche que, s'il a faim, on va lui servir des aliments, que s'il est fatigué, il lui permet de s'asseoir, mais que son bon plaisir est qu'il demeure là et qu'il réponde à ses questions.

A ces mots, le derviche semble agité, ses regards mécontents se portent un instant sur le pacha, mais se contenant aussitôt, il lui dit d'un ton ferme quoique respectueux en repoussant le sel de l'hospitalité qu'on lui offrait avec d'autres aliments que si le pacha le veut, il est le maître de le traiter comme il le voudra, mais que son ordre lui défendant de rompre le pain avec quelque étranger que ce soit, il ne touchera point à la nourriture qu'on lui présente.

Cette fierté plaît au pacha qui s'adoucit sur le champ et il lui parle avec plus de douceur, lorsque soudain une clarté rougeâtre remplit toutes les fenêtres du palais. Des cris nombreux se font entendre ; bientôt le pacha connaît tout son malheur : les pirates ont surpris sa flotte, y ont mis le feu et, dans ce moment, ils massacrent les soldats de Coron.

A la vue de cette soudaine clarté, le derviche se lève.... Il rejette au loin sa robe importune et il paraît comme le plus intrépide des guerriers, car le derviche n'est autre que Conrad lui-même.

Couvert de la cotte de mailles et le glaive nu à la main, il s'ouvre un passage au milieu des convives consternés. C'est en vain que le pacha, transporté de fureur, s'efforce de le faire arrêter en le nommant espion ; Conrad lui échappe, en frappant de son sabre, à droite et à gauche. Il donne un signal avec le cor suspendu à ses côtés et bientôt toute sa troupe redoutable se trouve auprès de lui.

Le démon de la vengeance semble animer cet homme terrible. Il ordonne le feu et le massacre et ses hommes incendient et tuent sans relâche.

Bientôt le palais est en flammes, Conrad s'arrête un instant pour contempler son ouvrage lorsque soudain des cris déchirants retentissent : ce sont ceux des malheureuses femmes qui périssent dans leur appartement fermé sans que personne ne songe à elles. Aussitôt Conrad appelle autour de lui tous ses hommes et, leur donnant l'exemple ils vont sauver ces infortunées au risque de périr eux-mêmes dans cet appartement déjà tout rempli de fumée et de flammes.

Bientôt les pirates reparaissent, suivant leur chef et tenant comme lui, chacun une femme éplorée qu'ils viennent d'arracher à la plus affreuse des morts.

Ils les mettent en sûreté, mais leur acte de générosité héroïque leur a fait perdre un temps précieux : Seyd a rallié ses troupes ; les pirates sont entourés, presque tous massacrés et leur chef, malgré des prodiges de valeur, est pris vivant, chargé de chaînes et enfermé dans un cachot profond d'où il ne sortira que pour être livré aux plus affreuses tortures.

Cependant les femmes, que les pirates ont sauvées, sont pénétrées de reconnaissance envers leur libérateur et l'une d'elles, Gulnure, l'épouse de Seyd emploie toute son influence auprès de ce dernier et met tout en œuvre pour délivrer Conrad.

Conrad, toujours fier et courageux attend avec énergie, dans son cachot, le sort cruel qui lui est réservé, étant prêt, ainsi qu'il le dit lui-même, à se mesurer avec les supplices ; mais il rappelle avec une profonde mélancolie les quatre seuls biens qu'il eût dans ce monde : son navire, son épée, son épouse et son Dieu !...

Son Dieu il l'a quitté dans sa jeunesse, et Conrad reconnaît que c'est justice si ce Dieu l'abandonne maintenant... Son navire ! il vient d'être dévoré par les flammes qu'y ont allumées ses ennemis !... Son épée !... elle lui a échappé des mains pour la première fois.... Et son épouse, sa compagne chérie, la nouvelle de sa mort la fera mourir !...

CHANT TROISIÈME

Dans le troisième chant, l'auteur raconte tous les efforts tentés pour la délivrance de Conrad... Enfin, à la faveur d'une sédition, ses fers tombent, sa prison lui est ouverte ; Seyd est mis à mort et Conrad, en liberté, fuit sur une barque rapide.

Le corsaire dirige l'embarcation vers son île, lorsque, soudain, un navire armé en guerre apparaît. Ce navire aperçoit la barque et, prenant une attitude hostile, il tire un coup de canon contre le frêle esquif et déploie son drapeau au vent. Conrad se croit perdu lorsque, à la vue de ce drapeau, il pousse un cri de joie : il a reconnu la couleur rouge des siens... Il se hâte alors de donner un signal et bientôt il se trouve à bord de l'un de ses navires qui partait pour le sauver ou le venger.

Le navire reprend la route de l'île et, avant la fin du crépuscule, cette île s'offre aux regards des pirates. Les feux des signaux brillent sur la côte, mais Conrad cherche en vain, la lumière amie qui accueille d'ordinaire son retour à la fenêtre de sa demeure.

Une vague inquiétude le saisit ; il s'élance le premier dans la chaloupe qui se dirige vers le rivage et, accusant la lenteur des rames, il se précipite dans la mer, traverse les flots à la nage, et monte, sans reprendre haleine, jusqu'au seuil de sa maison.

Il entre... mais quel douloureux spectacle s'offre à ses regards : Médora, blanche comme une statue d'albâtre, est couchée sur un lit de repos au milieu de fleurs odorantes. Sa main, immobile et glacée tient un frais bouquet de roses et ses tresses blondes entourent son visage serein sur lequel s'abaissent ses longs cils de soie.

Les prévisions du corsaire se sont réalisées.

Médora le croyant mort, n'a pu survivre à sa douleur.

Conrad la contemple avec un désespoir difficile à décrire, puis cet homme de fer pleure comme un enfant auprès du lit funèbre de celle qui lui fut si chère.

Cependant la nuit s'écoule; l'aurore paraît, les compagnons du corsaire, après l'avoir laissé à sa douleur, s'inquiètent de ne pas le voir reparaître. Ils arrivent à sa demeure mais ils ne l'y trouvent plus.... C'est en vain que l'on cherche ses traces. On ne trouve, sur le rivage, que la chaîne rompue qui retenait une barque, et quant au Corsaire tant renommé, nul ne put savoir son destin.

LARA

Le sujet de ce poème, divisé en deux chants, est le retour mystérieux d'un seigneur nommé Lara, qui s'était absenté de ses domaines depuis son jeune âge et dont personne n'avait entendu parler depuis.

Lord Byron a voulu, évidemment faire de son Lara le même personnage que le corsaire. Du reste, on ne peut s'y tromper puisque ce poème est annoncé comme faisant suite à celui du corsaire.

CHANT PREMIER

Les vassaux nombreux du vaste domaine appartenant aux seigneurs de Lara, se livrent à la joie et aux festins. Ils célèbrent le retour de leur maître et c'est avec d'autant plus de contentement que, depuis nombre d'années, ce seigneur, jeune encore, avait quitté le pays et l'on n'en avait plus eu de ses nouvelles.

Son père était mort, sans autre héritier de son grand nom que des collatéraux éloignés, et l'antique manoir solitaire et abandonné, semblait triste de l'absence de son maître légitime.

Enfin Lara est de retour. Les traits de sa famille sont faciles à reconnaître en lui; mais personne ne sait d'où il vient ni dans quels lieux il a prolongé sa longue absence. Le seul être qui pourrait le savoir est le jeune page Kaled qui a accompagné son retour et qui paraît le suivre et le connaître depuis longtemps. Mais Kaled n'est pas moins silencieux que son maître.

Cependant Lara, avec la noblesse de sa race, reçoit les félicitations qu'on lui adresse sur sa venue; mais son air sombre et réservé éloigne bientôt d'auprès de lui ses égaux, et ses inférieurs ne l'approchent qu'en tremblant.

Son aspect a quelque chose de glacial : son front est sillonné de rides profondes qui annoncent des passions mais des passions éteintes; son regard exprime l'orgueil et non l'ardeur du jeune âge; sa bouche altière témoigne le dédain de la louange et ses yeux perçants pénètrent la pensée d'autrui.

Son ton habituel est celui du sarcasme dont les traits acérés partent d'un cœur que le monde a fait saigner, et infligent aux autres les blessures les plus cruelles.

Ni l'ambition ni la gloire ne semblent plus agiter son cœur ; mais parfois des sentiments profonds et inexplicables viennent éclairer son visage pâle et immobile.

La noblesse de son lignage le fait rechercher par tous les grands des environs. Il se mêle à leurs gais carrousels ; il assiste à leurs fêtes joyeuses, mais comme un spectateur indifférent et impassible. Ni les grâces de la jeunesse, ni les charmes de la beauté, rien n'arrête son regard sévère, et il demeure isolé au milieu des plus nombreuses réunions.

Lorsqu'il est dans son château, il passe la plus grande partie de ses heures, et souvent plusieurs jours de suite, sequestré dans la sombre galerie où sont les portraits de ses aïeux. Là, assis devant une table, toute son attention se partage entre le livre qu'il lit et un objet horrible... un crâne humain qu'il considère longuement.

La nuit le surprend quelquefois dans cette galerie et alors il y demeure et mesure lentement de ses pas cet espace pendant les heures qu'il devrait consacrer au sommeil.

Une nuit entre autres, il était demeuré seul ainsi. Sa lampe éclairait d'une lueur incertaine, les objets qui l'environnaient ; le cours de la rivière qui baignait le pied du manoir, faisait entendre le bruit monotone de ses flots, au milieu du silence profond de l'atmosphère lorsque, à minuit, un cri d'alarme éclatant et prolongé retentit.

Les gens de Lara, réveillés en sursaut accourent, en tremblant, à la galerie d'où s'était échappé le cri perçant et ils trouvent leur seigneur étendu comme un cadavre, froid comme le marbre et son épée nue échappée de sa main raidie.

On s'empresse autour de Lara, on le met sur sa couche, on lui prodigue des soins ; mais lorsqu'il revient à lui, c'est imparfaitement qu'il reconnaît les lieux où il se trouve; une agitation fébrile le saisit, et sa bouche murmure des paroles étranges dans une langue inconnue.

Son page alors s'approche et lui parlant doucement le même idiome il semble, par ses accents, ramener peu à peu, le calme dans les esprits agités de Lara et faire cesser le rêve horrible qui le tourmente.

Quelque temps après, Lara est convié à une fête brillante où devaient se réunir toutes les dames et tous les chevaliers de la plus haute noblesse. Il se rend à cette invitation. Il pénètre dans la vaste salle, étincelante de lumière et, appuyé contre un des hauts piliers, on le voit les bras croisés, suivre d'un regard tranquille, la danse gracieuse et animée de cette jeunesse rayonnante de fraicheur et resplendissante de parure.

Cependant un étranger observe Lara avec une ténacité hostile. Tout à coup leurs regards se rencontrent; Lara paraît ému et l'étranger s'écrie : « *C'est lui!...* » avec une explosion qui attire l'attention générale. Mais Lara a repris son calme et il répond avec un froid mépris aux questions presque menaçantes de l'étranger qui le somme de lui dire d'où il vient et ce qu'il a été pendant de longues années.

Enfin Othon le maître du château intervient, et il prie Lara d'excuser la vivacité du seigneur Encelin son ami, et qui n'est revenu que depuis peu d'une longue absence. Encelin cesse ses questions, mais un rendez-vous est échangé entre lui et Lara. Ce dernier quitte alors la fête, appelle son jeune page et disparaît.

CHANT DEUXIÈME

Le lendemain à midi, heure fixée pour le rendez-vous entre Encelin et Lara, Lara se rend au château d'Othon où devait avoir lieu la rencontre. Encelin n'était pas encore venu. Une heure passe, puis deux et Encelin ne paraît pas. Alors Lara laisse échapper des paroles piquantes et Othon qui aime Encelin et qui a répondu pour lui, s'irrite, et défie à son tour Lara, qui accepte le combat.

Les témoins se placent ; les deux adversaires s'attaquent et chacun peut admirer l'adresse, la force et la présence d'esprit de Lara. Othon, aveuglé par la colère, présente, dans ses mouvements sa poitrine à son antagoniste qui y plonge son épée.

Othon, baigné dans son sang, tombe presque inanimé ; cependant sa blessure n'est pas mortelle et ses amis l'emportent dans son château. Lara regagne aussi sa demeure ; mais les insultes d'Encelin et le combat qui s'en est suivi, paraissent avoir réveillé en lui des ressentiments amortis et des colères oubliées. Une haine implacable s'éveille dans son cœur contre les nobles et les grands.

Déjà on avait pu remarquer que malgré les bizarreries de son caractère et son amour sauvage de la solitude, il était rempli de bienveillance pour les pauvres et les petits. Ses vassaux, d'abord effrayés, n'avaient pas tardé à s'apercevoir combien sa domination était douce et légère. Non seulement il ne commettait ni injustices ni vexations, mais il venait généreusement en aide à toutes les infortunes. Le vieillard, le malade, pouvaient se présenter avec confiance à son château solitaire. Il les accueillait tous avec bonté et ne les renvoyait jamais sans secours. Aussi était-il universellement aimé malgré le mécontentement général qui commençait à travailler le peuple contre l'oppression tyrannique des grands.

Après son duel avec Othon, Lara change entièrement de manière d'être. Une agitation sans égale succède au calme sombre de ses actions ; la solitude de sa demeure est remplacée par une hospitalité généreuse et bruyante ; le seigneur, fier et hautain, est devenu affable et empressé, mais ce n'est pas envers ses égaux. Les hôtes qu'il recherche et qu'il reçoit, ce sont des hommes énergiques mais sans titres de noblesse, de ces hommes qui, fatigués d'être les esclaves de la féodalité, veulent conquérir leur indépendance, au prix de leur vie, dans les hasards d'un soulèvement.

Lara se déclare leur chef ; il semble reprendre un rôle qui lui a été longtemps familier, il déploie toutes les ressources d'un véritable génie dans les combinaisons et les préparatifs, et lorsqu'il croit le moment venu, il se met hardiment à leur tête et déclare la guerre aux châteaux et à la féodalité.

Bientôt toutes les horreurs de la guerre civile fondent sur ces contrées au moins paisibles jadis, si elles n'étaient heureuses! Lara fait des prodiges, tant par son habileté à commander que par sa valeur; mais ses partisans, pleins de courage, manquent de talent militaire et ne peuvent lutter longtemps contre toute la noblesse aguerrie qui s'est réunie pour les combattre.

Les défaites se succèdent avec rapidité, et de tant de braves réunis pour conquérir la liberté, il ne reste plus qu'un petit nombre de combattants découragés et humiliés qui se décident à fuir dans des régions lointaines puisqu'ils n'ont pu ni vaincre ni mourir.

Lara approuve ce projet désespéré et il s'offre encore à les commander dans leur retraite. Il choisit une nuit sombre et un moment où il croit les ennemis occupés à se reposer d'une récente et dernière lutte, il se met en marche avec sa petite troupe. Déjà ils ont atteint le bord d'une rivière qui seule les sépare d'un sol hospitalier lorsque, en approchant, ils en voient les rives gardées par des seigneurs sous les armes.

Lara veut rebrousser chemin, mais il aperçoit encore les troupes silencieuses d'Othon, qui l'ont suivi par derrière dans sa marche nocturne.

Alors tout espoir semble perdu; mais Lara, calme et sans se laisser abattre, met sa petite troupe en défense et essaie de s'ouvrir un passage au milieu des bataillons serrés de ses ennemis.

Les siens le suivent avec le courage du désespoir; leur impétuosité est telle qu'ils font plier ces nombreux ennemis. Lara voit ce mouvement; il croit les siens sauvés et se redressant sur son noir coursier, il va donner un ordre suprême lorsque soudain le panache flottant qui orne son casque s'incline et cet homme superbe, percé d'un coup mortel s'affaisse sur lui-même et n'oppose aucune résistance à la main amie qui le soutient et l'entraîne, à toute bride, hors du théâtre du combat.

Peu d'instants suffisent aux troupes d'Othon pour achever d'exterminer les quelques partisans de Lara qui défendaient encore et leur liberté et leur vie. Bientôt il n'y eut plus que des vaincus et des morts. Mais Othon ne croit pas la victoire complète tant qu'il n'a pas Lara en son pouvoir, et il ordonne qu'on le cherche et qu'on le poursuive.

Cependant, à une petite distance du champ de bataille, sous un tilleul solitaire, un guerrier est étendu sans mouvement, la tête appuyée sur des genoux amis, tandis que des mains compatissantes cherchent à étancher le sang qui s'échappe, avec sa vie, d'une blessure profonde qu'il a reçue dans le côté. Cet homme, c'est Lara, et celui qui lui prodigue des soins si affectueux, c'est son page Kaled.

Les ombres de la nuit s'étendent déjà sur le front pâle de Lara; sa respiration inégale s'affaiblit de plus en plus et sa voix devient si faible que Kaled est forcé de se pencher vers lui pour l'entendre. Alors un dialogue tendre et mélancolique s'établit entre eux, dans une langue étrangère et qui n'est connue que d'eux seuls.

A ce moment Othon et les siens arrivent; mais ils s'arrêtent immobiles devant ce spectacle touchant. Lara et Kaled ne semblent pas les voir; ils continuent à échanger des paroles, tristes comme des soupirs et qui paraissent de plus en plus déchirantes.

Enfin le sang de Lara a cessé de couler; ses yeux se voilent aux approches de la mort, sa voix s'éteint.

.... Alors un des guerriers s'avance et pose pieusement sur ces lèvres mourantes le crucifix révéré et le rosaire béni. On ne put deviner quelles furent les paroles que murmura Lara à ce contact sacré; quant au jeune page, l'air d'indifférence et de mécontentement qu'il prit, prouva que sa religion étrange lui laissait ignorer que l'éternité allait s'ouvrir pour le seigneur qu'il avait tant aimé.

Quelques instants après Lara avait cessé de vivre..... Ce fut en vain que l'on voulut éloigner le jeune page. Il demeura immobile et muet tenant toujours sur ses genoux la tête de son seigneur.

Cependant on songea à rendre les derniers devoirs à ces dépouilles mortelles. C'est alors qu'on s'aperçut que la poitrine de Lara était couverte de profondes et nombreuses cicatrices, provenant de blessures depuis longtemps fermées.

On lui creusa une tombe à l'endroit même où il était mort. Kaled y revenait chaque jour et s'y tenait presque sans cesse. Sa douleur était profonde mais silencieuse ; il ne versait même pas de larme. En le voyant rapidement dépérir, on voulut l'éloigner de ces lieux; mais il s'irrita au point qu'il sembla perdre la raison. On le laissa donc libre et chaque jour le retrouvait assis au pied de l'arbre fatal comme lorsqu'il y soutenait son seigneur mourant.

Le front penché dans ses mains amaigries, il murmurait des paroles qu'il semblait adresser à une ombre chérie. Au bout de peu de temps on dut creuser une nouvelle tombe pour Kaled que l'on plaça auprès de son maître.

Quant au seigneur Encelin, longtemps on ignora pourquoi il ne s'était pas trouvé au rendez-vous qu'il avait si fièrement provoqué. Un jour, un pâtre avoua que lors de la disparition de ce seigneur, s'étant levé avant le jour pour aller tra-

vailler dans la forêt, auprès de la rivière, il avait
entendu les pas d'un cheval au galop. Le pâtre
s'était caché et il avait aperçu un cavalier.
Arrivé près de l'endroit où il était, ce cavalier
s'était mis à considérer attentivement les environs, et, se croyant seul, il s'était approché de la
rivière, était descendu péniblement de cheval
portant un fardeau fort lourd en apparence;
ensuite, il s'était avancé aussi près de l'eau que
possible et y avait lancé ce fardeau.

A ce moment un rayon de la lune perçant les
nuages de la nuit, était venu briller sur le corps
lancé dans la rivière et avait paru se réfléchir
dans une cuirasse couvrant la poitrine d'un
homme. Le pâtre avait même cru distinguer une
étoile sur cette cuirasse brillante.

Cette déposition donna lieu de croire qu'Encelin
avait été assassiné; car tout le monde se rappelait
qu'il portait une étoile en relief sur sa cuirasse.
Mais, qui l'avait fait périr?... et pourquoi
avait-on commis ce lâche assassinat?... C'est ce
qui demeura, à jamais un secret pour tous.

LE PRISONNIER DE CHILON

Le sujet de ce poème est un fait historique. Ce sont les vicissitudes qu'éprouva François de Bonnivard, fils de Louis de Bonnivard, seigneur de Lunes et originaire de Seyssel (1), lorsqu'il se dévoua avec autant de zèle que de courage à la cause de Genève luttant contre la Savoie.

En 1524, Genève, qui était alors soumise au domaine direct de ses évêques et sous la suzeraineté de la Savoie, se déclara indépendante et embrassa le protestantisme. Le duc de Savoie Charles III tenta de la reprendre; Genève lui résista par la force des armes. Ce fut pendant cette lutte sanglante que se passa l'épisode de Bonnivard. Charles III, un moment victorieux, le fit prisonnier et le condamna à une dure captivité dans le château de Chilon (2) en 1530.

(1) Seyssel est un chef-lieu de canton situé dans la Haute-Savoie, sur le Rhône. Cette ville, fort ancienne, fut fondée par un officier romain nommé Sertilius. Au moyen âge, ce fut une ville forte appartenant à la Savoie.

(2) Chilon, ce château fort est situé dans le canton de Vaud, sur un rocher isolé qui s'élève dans le lac de Genève, à une petite

CHANT UNIQUE

Ce poème, qui n'a qu'un chant, se passe tout entier dans les prisons de Chilon, château fort appartenant au duc de Savoie. L'auteur, avec une vérité déchirante, traduit les pensées qui occupent l'esprit de Bonnivard, et, en les traduisant par des vers d'une mélancolie profonde, il lui fait raconter toute son histoire.

Bonnivard est dans un cachot humide, à peine éclairé par un faible rayon de soleil qui pénètre difficilement à travers l'épaisseur du mur. Tout autour de ce cachot se dresse sept piliers, à chacun desquels se trouve fixée une chaîne pour attacher un prisonnier.

En ce moment Bonnivard est seul dans son cachot; mais il n'en a pas toujours été ainsi. Ce malheureux se demande d'où vient que ses cheveux sont tous blancs et son corps tout courbé quoiqu'il soit encore dans la force de l'âge?... Mais bientôt le souvenir du passé se déroule devant lui, et il s'étonne de vivre encore.

distance de Vevey. Ce château, bâti au XIIe siècle par les ducs de Savoie, servait de prison d'Etat. C'est encore aujourd'hui une prison militaire et un arsenal.

En effet, son père, qui combattait comme lui pour la même opinion et les mêmes croyances, tomba au pouvoir du parti ennemi, qui le fit périr dans les tortures. Bonnivard avait encore cinq frères, tous champions de la même cause : l'un d'eux fut brûlé vif, deux autres moururent en combattant sur le champ de bataille; les deux derniers furent faits prisonniers avec lui, et tous trois furent enfermés dans le cachot qu'il occupe seul maintenant.

Rien n'est émouvant comme le récit que Bonnivard fait de leur vie, à eux trois, dans ce cachot humide, enchaînés séparément, ne pouvant faire un pas, et distinguant à peine leurs traits amis dans le lugubre crépuscule de leur prison.

Bonnivard, comme leur aîné, s'efforçait, par ses paroles, de leur donner du courage, et ses frères lui répondaient avec tendresse, qu'ils étaient calmes et résignés.

Le plus jeune des trois était le dernier né de la famille. Rien n'était beau, rien n'était gai, rien n'était aimable comme lui. Portrait vivant de sa mère, et, par cette raison, le plus aimé de tous, son âme, toujours entourée d'affection, ne savait qu'aimer et sourire. Il avait des paroles d'une douceur infinie pour consoler et plaindre ses frères.

L'autre, d'un naturel aussi candide, avait un

caractère différent. Grand, robuste, aventureux, sa vie entière s'était passée, soit à la chasse dans les montagnes, soit sous les armes comme soldat. Jusque-là, il ne connut jamais la contrainte ; l'air libre était son atmosphère ; il aimait à braver les saisons, à parcourir les lieux élevés à la poursuite du daim et du chamois, à sentir le ciel sur sa tête et le grand air autour de lui.... Dès qu'il se vit enchaîné, le découragement lui saisit l'âme. Le regard tourné vers l'étroite ouverture de son cachot, il cherchait en vain la vue et la lumière ; son oreille écoutait sans cesse le bruit des vagues du lac Léman, dont les eaux baignaient sa prison ; puis il considérait ses pieds dans les fers, et une tristesse profonde dévorait tout son être. Bientôt il refusa toute nourriture, et, peu après, ses forces affaiblies lui manquant tout à fait, il ne répondit plus que par des mots entrecoupés aux tendres sollicitations de ses frères.

Ceux-ci, le voyant expirant, auraient au moins voulu soutenir entre leurs bras fraternels ce corps défaillant et chéri ; mais, hélas ! leurs chaînes étaient trop bien rivées. Ce fut en vain qu'ils firent des efforts désespérés pour les rompre ; leur frère mourut à son affreux poteau, privé de leurs affectueuses caresses.

Lorsque leurs gardiens arrivèrent, sans être

émus de la douleur déchirante de Bonnivard et de son jeune compagnon, ils détachèrent froidement la chaîne qui retenait ce corps glacé, et, sous les yeux même des malheureux prisonniers, ils creusèrent une fosse au pied du pilier et l'y enterrèrent.

La douleur affreuse des deux infortunés qui restaient ne peut se décrire ; la violence de cette douleur fut telle qu'elle frappa d'un coup mortel la vie du plus jeune. Lord Byron arrache des larmes en rapportant les expressions de son héros à ce cruel souvenir. Il se rappelle les couleurs si vermeilles qui animaient le visage charmant de cet enfant de sa tendresse, l'azur limpide de ses yeux brillants, le timbre si pur de sa voix fraîche et argentine...; puis ce front pâli s'inclina lentement, ses yeux devinrent plus grands et plus limpides, sa parole plus basse et plus courte, et les expressions de sa tendresse encore plus multipliées qu'autrefois.... Cet enfant si jeune, si beau, se voyait mourir avec un calme angélique, une résignation qui n'était troublée que par la douleur de laisser son frère tant aimé. Il ne versa pas une larme sur lui-même, mais que de fois elles obscurcirent les regards d'affection qu'il adressait à son frère.

Enfin la destruction, dans sa marche lente, atteignit son terme fatal. Le pauvre enfant entretenait encore son frère de ses jours meilleurs d'autrefois; il cherchait à lui inspirer un peu de force et de courage en étouffant les soupirs d'une nature gémissante qui sent sa fin prochaine, lorsque la mort le surprit.

Bonnivard, éperdu de son silence subit, l'appelle avec un effroi indicible; il ne reçut aucune réponse. Alors, par un effort suprême, il brisa la chaîne qui le tenait captif, et il se précipita vers son frère... mais tout était fini.

Bonnivard, exalté par la souffrance, en perdit la raison, et cette fois ses gardiens se sentirent enfin émus d'une pitié bien rare chez ces hommes qui ne la connaissent pas!... Ils ne l'enchaînèrent plus à son poteau et le laissèrent libre de ses mouvements dans son étroite prison.

Les semaines, les mois se passèrent, et l'infortuné vivait sans vivre, car il était insensible à tout, lorsqu'un jour il fut tiré de sa léthargie par une voix harmonieuse qui murmurait un chant doux auprès de lui. Son intelligence sembla se réveiller; il reconnut sa prison, il regarda l'étroite ouverture qui lui donnait un peu d'air et de jour, et là ses yeux aperçurent un oiseau merveilleux.

Son plumage était d'azur, ses allures familières et caressantes; sa voix mélodieuse disait mille choses et semblait ne les dire que pour lui.

Bonnivard, enchanté, ravi, s'imagina que cette charmante créature était l'âme de son frère; il jouit avidement de sa présence, il se sentit renaître au sentiment et à la vie lorsque l'oiseau s'envola.

Mais la raison était revenue au pauvre prisonnier; peu après, les Suisses, devenus victorieux, l'arrachèrent à son horrible cachot, et Bonnivard eut la joie de trouver Genève libre et indépendante.

LE SIÈGE DE CORINTHE

Le sujet de ce poème, en un seul chant, est historique. Corinthe (1), en 1715, appartenait aux Vénitiens. A cette époque, les Turcs, voulant s'emparer de Napoli-de-Romanie (2), ville à peu de distance de Corinthe, résolurent de prendre d'abord cette dernière, et ils y mirent le siège.

(1) Corinthe est une ville grecque située sur l'isthme qui porte son nom et qui joint la Morée à la Grèce. Corinthe fut très célèbre dans l'antiquité; on la nommait la ville aux deux mers, parce qu'elle avait en effet deux ports, celui de Léché et le golfe de Corinthe, du côté de la mer Ionienne, et celui de Cenchron, sur le golfe Saronique, aujourd'hui golfe d'Athènes, du côté de l'Archipel. Cette ville compte à peine aujourd'hui 4,000 habitants, et tout y offre l'aspect de la misère. La seule ressource consiste dans le commerce de ses raisins dits de Corinthe. Son nom est resté à l'un des cinq ordres d'architecture, l'ordre corinthien, et à une composition appelée airain de Corinthe. Ce métal rare était très estimé des Romains; ils prétendaient que lorsqu'ils s'emparèrent de cette ville sous la conduite de leur général Mummius, l'an 148 avant J.-C., la ville ayant été incendiée, les nombreuses statues et les immenses richesses en or et en argent, ayant été fondues et mêlées par le feu, formèrent un métal précieux auquel on donna le nom d'airain de Corinthe. On en distinguait de trois sortes : le blanc qui avait l'éclat et la blancheur de l'argent; le jaune brillant comme l'or, et le troisième qui paraissait être un mélange d'or, d'argent et de cuivre.

(2) Napoli-de-Romanie ou Nauplie est une ville grecque située dans la Morée, au sud de Corinthe.

Ils livrèrent plusieurs assauts, et le gouverneur,
Minotti, homme d'un grand courage, voyant la
ville affaiblie et toute résistance inutile, demanda
à capituler. Mais pendant les pourparlers, le feu
ayant pris dans le camp des Turcs à un magasin
de poudre dont l'explosion causa la mort de six
cents infidèles, les Turcs, exaspérés par cet accident qu'ils attribuèrent à tort aux chrétiens,
ne voulurent plus entendre parler d'accommode-
ment, et un dernier assaut fut décidé.

CHANT UNIQUE

L'auteur entre en scène par une peinture animée du camp des Turcs, situé au pied du mont
Cithéron (1). Dans toute l'étendue de la plage, on
voit accourir des cohortes revêtues du costume
turc et qui viennent se joindre aux assaillants.

(1) Cithéron ou Cythéron, est une montagne de la Grèce située
dans l'ancienne Béotie, près de la ville de Thèbes, et qui fut
célèbre aux temps mythologiques. D'après la fable, Cithéron était
un berger qui fut changé en montagne par Jupiter, à qui il avait
rendu l'important service de le réconcilier avec Junon. Aussi cette
montagne fut-elle consacrée à Jupiter et à Junon. Elle était également
consacrée à Apollon, aux Muses et à Bacchus ; c'était le principal
théâtre des bacchanales et des orgies, fêtes révoltantes de cette
dernière divinité. Le mont Cithéron se nomme aujourd'hui
Elatéa.

L'Arabe appelle ses chameaux, et ces animaux intelligents s'agenouillent, dociles, pour se laisser charger ; puis, se relevant d'eux-mêmes, ils parcourent d'un pas agile les longues distances du désert. Le Turcoman quitte son troupeau pour ceindre le cimeterre, tandis que le Tartare fait caracoler son coursier dont il se sert en se jouant.

Vingt mille lances brillent au soleil, tandis que le canon lance sans cesse ses globes de feu dans l'espace.

La tranchée est donc ouverte ; les infidèles font leurs préparatifs ; c'est le lendemain que l'assaut sera livré à Corinthe. Une haine implacable dirige tous les mouvements des Turcs, c'est la haine contre la croix, et chaque fois que leurs regards farouches se portent vers la ville assiégée, une rage sourde leur fait presser convulsivement la poignée de leur cimeterre en voyant le symbole sacré des chrétiens dominer les remparts et s'élever sur la cité.

Mais parmi tous ceux qui s'approchent le plus des murs de Corinthe avec le désir de les voir s'écrouler devant les armes des Turcs, on distingue un homme à l'œil de feu, au front soucieux et sombre, au courage intrépide et terrible. Le sultan Achmet II s'enorgueillit de le compter dans son armée, et tous le respectent à l'envi.

Cet homme, c'est Alp, le renégat de l'Adriatique, autrefois Lanciotti le Vénitien.

Il est né à Venise, d'une famille illustre; mais victime d'une accusation anonyme que ses ennemis ont déposée dans la gueule du lion de St-Marc, il a été injustement exilé de sa patrie. L'irritation de cette âme altière a été si violente que, pour mieux combattre contre ses ingrats concitoyens, il a voulu s'allier aux plus acharnés de leurs ennemis, et il a dû renier sa foi et son Dieu pour ceindre du turban son front superbe et armer son bras du cimeterre des infidèles.

Coumougri, le grand visir du sultan, a placé Alp à la tête de l'avant-garde; ses exploits, jusqu'à ce jour, lui donnent droit à ce poste d'honneur. Alp se trouve satisfait, et son impatience à commencer l'assaut dépasse celle des plus ardents ennemis du nom chrétien; mais c'est qu'un double motif agite son cœur rempli de fiel. Non seulement c'est la soif de la vengeance qui le dévore, mais c'est un autre sentiment, encore d'amertume, dans lequel cependant règne quelque chose de tendre.

Avant que le renégat fût injustement exilé, il avait connu, parmi les nobles Vénitiennes, une jeune fille pleine de grâces et de vertus, et dont la beauté touchante avait vivement impressionné le cœur ardent de Lanciotti. Elle s'appelait

Francesca, et son père était le seigneur Minotti, aujourd'hui nommé par Venise le gouverneur absolu de Corinthe.

Lanciotti, désirant faire de Francesca la compagne de sa vie, avait demandé sa main à Minotti ; mais celui-ci, soit qu'il fût prévenu par la malveillance, soit que le caractère violent de Lanciotti lui donnât peu de garantie pour le bonheur de sa fille chérie, la lui avait formellement refusée.

Et maintenant, Alp le renégat se réjouit en pensant que le lendemain, maître lui-même de la ville de Corinthe, il pourra sauver Francesca et obtenir alors de Minotti le consentement à leur hymen.

Du reste, depuis le départ de Lanciotti, Francesca, respectant la volonté de son père, s'y était soumise sans murmure ; mais il était facile de voir que cette décision était contraire aux sentiments secrets de son cœur. Cependant, se renfermant dans un silence modeste, elle se contenta de refuser les nombreux partis qui s'offrirent depuis pour obtenir sa main, caressant la pensée que le retour de Lanciotti changerait un jour la détermination de son père. Cette espérance s'évanouit à la nouvelle de l'apostasie de Lanciotti, devenu Alp le renégat. Francesca, pleine de douceur et de réserve, conserva un visage serein, son regard exprima la même mansuétude; seulement les rosés de son teint pâlirent, et le sourire de ses lèvres charmantes devint plus rare et plus fugitif.

Cependant l'heure s'avance; il est minuit. La froide lune verse ses pâles rayons sur les brunes montagnes; les vagues des deux mers reposent calmes et transparentes, azurées comme le firmament; à peine si leur écume légère ébranle les cailloux de la plage, et leur murmure est doux comme celui d'un ruisseau. Les vents dorment, assoupis sur les ondes; les bannières laissent tomber leurs plis nombreux le long des lances qui les supportent et que surmontent un lumineux croissant. Rien ne vient interrompre ce profond silence, si ce n'est la voix de la sentinelle répétant le mot d'ordre, ou le hennissement sonore du coursier répété par l'écho de la colline. Et le murmure confus de cette armée de barbares s'étend de l'une à l'autre rive, comme le frémissement du feuillage.

La tente d'Alp est dressée sur le rivage. Au lieu de se livrer à un repos nécessaire, il veille, et ses pensées tumultueuses se pressent dans son âme comme les vagues d'une mer agitée. Le fanatisme ne l'anime pas de l'ardente impatience de faire triompher le croissant sur la croix; il ne croit pas au paradis de Mahomet. L'amour de la patrie n'anime pas non plus son courage d'une bouillante et généreuse ardeur ; il est seul au milieu de cette foule nombreuse. Renégat armé contre son pays, ce n'est qu'à son audace et à sa valeur invincible qu'il doit le respect et l'obéissance que lui accordent les soldats qu'il commande ; mais c'est avec peine qu'ils peuvent oublier que cet homme, aujourd'hui leur chef le plus brave, était autrefois un Nazaréen redouté par eux.

La tête d'Alp est embrasée d'une ardeur fébrile; le turban presse douloureusement son front brûlant. Sa cotte de mailles pèse comme du plomb sur sa poitrine oppressée. Pour échapper à cette agitation pénible, il se lève, et ses pas le portent le long du rivage.

Bientôt l'air froid de la nuit humecte son front comme un baume rafraîchissant ; il laisse derrière lui son camp et s'avance vers le golfe de Lépante, dentelé de baies. Une longue rêverie l'absorbe tandis qu'il aspire la fraîcheur de l'atmosphère. Il suit machinalement la grève de cette mer sans reflux qui roule éternellement, toujours la même.

C'est ainsi qu'il atteint les remparts de la ville assiégée, et cependant aucune sentinelle ne lui adresse la parole. Il semble qu'une puissance surnaturelle le dérobe à la vigilance des nombreux soldats qui veillent sur les remparts et dont il aperçoit les armes brillantes, et il distingue même les conversations tant il est près des murailles.

Non loin de là sont les ruines d'un temple construit par des mains depuis bien longtemps oubliées. Alp y entre, et, s'asseyant sur la base d'une colonne brisée, il passe la main sur son front. Son attitude était penchée, sa tête s'abaissait sur sa poitrine brûlante et oppressée.

Pendant qu'il est ainsi absorbé dans une morne tristesse, il entend un gémissement doux et plaintif. Il relève la tête, et qu'aperçoit-il? Là, tout près de lui, à sa gauche, est assise une femme jeune et belle. Alp la considère avec une terreur profonde ; tout à coup le renégat invoque le Dieu de ses pères, car il a reconnu Francesca, mais Francesca singulièrement changée quoique toujours charmante.

Son teint conserve à peine une ombre de rose ; ses yeux d'azur sont froids et immobiles, et leur regard, quoique brillant, semble glacé. La robe légère qui la couvre laisse apercevoir son cou et ses bras d'une blancheur éblouissante, et lorsque le renégat lui demande d'une voix tremblante ce qu'elle est venue faire en ces lieux, avant de lui répondre elle lève vers le ciel une main si pâle et si transparente, qu'à travers on eût pu voir briller les rayons argentés de la lune.

Elle lui dit alors qu'elle a quitté son repos, qu'elle a franchi sans obstacle les gardes, les portes et les ennemis, entourée de sa virginale innocence et dirigée et soutenue par le Tout-Puissant. Qu'elle vient pour lui rappeler qu'il a commis un crime abominable en reniant sa foi et son Dieu. Que si c'est en vain qu'elle lui a apparu, jamais, jamais ils ne se reverront; mais, au contraire, s'il rejette avec horreur loin de lui le turban maudit, si sa main coupable trace sur son front le signe béni de la croix du salut, alors elle lui promet qu'une union éternelle les attend.

Alp, ne voulant pas comprendre ce langage mystique, lui répond que le lendemain il doit acquérir beaucoup de gloire; qu'il est sûr que la ville sera prise, mais qu'il ne lui sera fait aucun mal ni à elle, ni à aucun des siens, et qu'après qu'il aura abaissé l'orgueil de son ingrate patrie, il pense qu'il l'obtiendra enfin pour fiancée.

A ces mots, Francesca pose sa main sur celle d'Alp, et un froid subit pénètre jusqu'au cœur du jeune homme; puis d'une voix qui sortait de ces lèvres immobiles, sans être accompagnée d'aucun souffle, tandis que la respiration semblait arrêtée dans son sein, elle ajouta d'un ton suppliant que si ce n'était pour l'amour d'elle, que ce fût pour l'amour du Ciel qu'il se hâta d'arracher le turban de son front parjure et qu'il promit d'épargner les enfants de sa patrie outragée.

Voyant qu'il demeurait inébranlable, elle lui montre un léger nuage qui s'avançait dans le ciel, et elle lui dit que s'il ne se décidait pas avant que cette blanche vapeur eût passé devant la lune, la miséricorde divine se trouverait lassée et que le Ciel ne les verrait jamais réunis.

Alp lève les yeux et suit le nuage qui avançait lentement dans sa course; mais son cœur, gonflé et égaré par un déplorable orgueil, se révolte à l'idée de revenir publiquement sur ses décisions prises. Les yeux toujours fixés sur le nuage, il étouffe les murmures de sa conscience et de son cœur, et il répond d'une voix sourde et agitée que, quel que soit son destin, il est trop tard; que le roseau peut plier, mais que le chêne superbe ne peut que se rompre.

Tandis qu'il achève ces mots, le nuage dépasse l'astre tranquille des nuits. Alp se retourne vers la jeune fille : elle avait disparu.

Cependant le soleil se lève; les bataillons pressés des Turcs s'ébranlent, les machines de guerre sont conduites vers les remparts, et l'artillerie fait entendre son tonnerre continu en envoyant la destruction et la mort.

L'assaut est donné; les chrétiens font des prodiges de valeur, mais leurs bras sont de chair, et leurs ennemis, se succédant sans cesse plus nombreux, les lassent et les épuisent.

Les phalanges des janissaires, cette garde choisie du grand seigneur, sont commandées par Alp le renégat endurci ; son bras nu les conduit à une sûre victoire. Leurs sabres sont rouges de sang depuis la pointe jusqu'à la garde ; plus d'un a mordu la poussière en prononçant le nom d'Allah, mais la ville est prise et le pillage commence.

Les Corinthiens, vaincus mais non découragés, combattent énergiquement dans les rues, dans les maisons ; les pas de tous ces guerriers glissent dans le sang qui coule à flots à leurs pieds. Mais les chrétiens ne reculent pas devant les Turcs acharnés, et ils meurent accablés par le nombre sans quitter la place où ils combattent.

Dans l'un de ces groupes de chrétiens, on remarque un vieillard dont le bras ferme et redoutable dément la blancheur des cheveux. Il a vaillamment soutenu le poids de cette terrible journée ; les cadavres de ceux qu'il a immolés forment un demi-cercle autour de lui ; son corselet d'acier brillant cache plus d'une glorieuse cicatrice, mais il n'a encore reçu aucune blessure, et cependant tous ceux qui ont péri sous ses coups étaient braves, acharnés et tellement plus jeunes que lui qu'il aurait pu être leur père.

Cet intrépide vieillard, c'est Minotti le gouverneur de Corinthe.

Mais le cri d'Allah a retenti : une troupe nombreuse de Musulmans s'avance, impétueuse vers les quelques chrétiens qui soutiennent les efforts de l'héroïque gouverneur. C'est un chef au bras nu qui dirige les infidèles ; tout à coup il s'arrête éperdu, car ce chef est Alp et il a reconnu Minotti.

Seul il s'avance vers le vieillard et il lui crie de cesser une défense inutile et de se rendre pour sauver ses jours et ceux de sa fille chérie. La tête vénérable de Minotti se relève avec fierté à cette voix connue et, répondant à Alp, il le nomme *renégat* et lui déclare qu'il est prêt à mourir.

Alp lui représente qu'il perd, par son obstination, l'innocente Francesca ; alors Minotti, avec un sourire étrange, répond qu'elle est dans un lieu où elle n'a rien à craindre et où lui, parjure à son Dieu, n'ira jamais. Francesca est morte la nuit même et son âme pure est au ciel.

Ces mots, plus puissants qu'un glaive, font chanceler le farouche renégat, et une balle ennemie vient trancher le fil de sa vie, alors qu'un océan d'angoisses, de douleur et de remords inondait son cœur coupable.

Dès lors, l'œuvre de destruction marche rapide et terrible. C'est en vain que Minotti se retire dans une église avec le reste des combattants, les Musulmans, nombreux et impitoyables, finissent par forcer le lieu saint et s'y précipitent en masse compacte.

Après s'être lassés de massacrer les chrétiens, leurs mains sacrilèges s'approchent avidement pour se saisir des vases sacrés. A ce moment, Minotti, debout sur les dernières marches du maître-autel, prend un flambeau allumé et, mettant le feu à une traînée de poudre, il fait sauter le saint temple avec une explosion qui s'entendit de tous les pays d'alentour.

C'est ainsi que Corinthe fut détruite, ensevelissant sous ses ruines fumantes et les vainqueurs et les vaincus.

MAZEPPA

Le sujet de ce poëme est historique, et sauf quelques embellissements de lord Byron, les aventures de Mazeppa sont arrivées telles qu'il les rapporte; ces aventures terribles conviennent parfaitement au style sombre et énergique de lord Byron.

CHANT UNIQUE

L'auteur nous reporte sous le règne du célèbre Charles XII, roi de Suède. Ce monarque, en guerre avec les Russes, vient de perdre la bataille de Pultawa contre le Czar Pierre le Grand. Pultawa, ou Poltawa, est une ville de la Russie d'Europe, située au centre sud de cette contrée, dans l'ancienne Ukraine. L'Ukraine forme aujourd'hui les gouvernements de Kiev, de Pultawa, de Tchernigov et de Kharkov. Elle est couverte

de plaines immenses et désertes, mais très fertiles,
appelées steppes et où l'on élève aujourd'hui des
chevaux très estimés ; autrefois il n'y avait que
des chevaux sauvages.

Le roi de Suède, Charles XII, obligé de fuir,
n'a avec lui qu'un petit nombre de ses officiers
les plus fidèles et quelques soldats dévoués. Une
marche forcée a épuisé sa nature robuste; il est
blessé, privé de nourriture et dévoré par une
fièvre ardente.

La nuit est venue, et cette petite troupe de
fuyards se résout à passer ces heures de ténèbres
dans une forêt de laquelle on distingue les feux
du camp ennemi. Les dispositions sont bientôt
prises : Charles XII est déposé au pied d'un
arbre ; mais c'est en vain qu'il cherche à goûter
un peu de sommeil. Le chagrin, encore plus que
ses souffrances physiques, lui donne une cruelle
insomnie.

Cependant, il renferme en son âme les inquié-
tudes et les soucis qui le rongent, et s'efforce de
montrer un visage serein à ceux qui l'entourent.
C'est ainsi qu'il suit des yeux le brave chef des cosaques de l'Ukraine, qui, malgré ses soixante-dix
ans, ne songe à prendre quelque repos que lorsqu'il
a débridé son fidèle coursier au poil noir et brillant, auquel il a donné de la nourriture. Ensuite il
visite ses armes, s'assure que son mousquet est

prêt à faire feu, touche son poignard à sa ceinture, puis s'assied, et, tirant d'un petit havre-sac quelques provisions, en offre la plus grande partie d'abord à Charles XII, puis à ceux qui l'entourent.

Le roi, tout en prenant une légère part de ce modeste repas, témoigne au digne chef son admiration pour l'agilité de sa nature robuste qui semble défier les années. Il prend occasion de là pour lui adresser les remerciements et les éloges qu'il lui doit pour la vaillance que le chef cosaque a déployée dans le combat à la tête des siens. Puis il ajoute en riant, faisant allusion aux soins affectueux du vieux chef pour son beau cheval de bataille sur lequel il lui a vu franchir les plaines et les rivières, qu'il ne croit pas que, depuis Alexandre le Grand et son cheval Bucéphale, jamais couple ne fut mieux assorti que le chef cosaque et son noble coursier.

A cette remarque, le front du chef se rembrunit, et il murmure une énergique malédiction sur le premier jour où il apprit à monter à cheval. Le roi, surpris, lui demande la cause de cette exclamation étrange. Le vieux chef s'excuse en disant qu'il vient de se rappeler une terrible histoire, et que si ce n'était le besoin de repos que doit avoir le roi, il la lui raconterait. Charles XII le presse alors de lui faire une relation qui charmera son insomnie, et le vieux chef raconte ce qui suit.

Il y a déjà près de cinquante ans, que Jean Casimir, roi de Pologne, avait à son service un jeune page rempli d'esprit et de bravoure, nommé Mazeppa. Ce page passa au service d'un seigneur polonais, dont le caractère était sombre, orgueilleux et vindicatif. Le jeune page, bouillant, fier et audacieux, osa outrager son maître d'une manière sanglante. Celui-ci, transporté de fureur, ne trouva aucun châtiment assez sévère pour le punir, et dans son ressentiment, il inventa un supplice inouï, inconnu jusqu'alors.

Il donne ses ordres, et un matin, au moment où l'aurore commençait à peine à poindre, Mazeppa se vit tout à coup assailli par plusieurs hommes qui l'entourent, le saisissent et l'entraînent jusqu'à l'une des portes de la ville. Arrivé là, le jeune homme exaspéré d'un pareil traitement, se dispose à demander avec hauteur la cause d'une telle violence à ceux qui le tiennent immobile et privé de l'usage de tous ses membres, lorsque ses yeux tombent sur un homme qui, debout, les bras croisés, le considère en silence. Leurs regards se rencontrent, et Mazeppa demeure muet et atterré, car, il a reconnu son maître, et dans l'expression farouche et irritée du seigneur offensé, il a lu sa condamnation.

Aussitôt on amène un magnifique coursier sauvage, arrivé de la veille seulement et pris dans les forêts lointaines. Le superbe animal se cabre, effrayé à l'aspect des hommes ; ses naseaux enflammés s'élargissent sous son souffle précipité et bruyant ; une blanche et légère écume couvre ses flancs lustrés et sa bouche qui ne connut jamais de frein.

A un signe du seigneur, Mazeppa est dépouillé de ses vêtements ; puis, avec des peines inouïes, ses bourreaux l'étendent et l'attachent par des liens solides sur le dos du cheval indompté. Après quoi la liberté est rendue au sauvage habitant des forêts, et on excite même sa course par le premier coup de fouet qu'il eût jamais reçu et qui le fait fuir plus prompt que l'éclair.

Son galop est si rapide que le malheureux Mazeppa sent sa respiration lui manquer. Un ciel gris et sombre passe sur ses yeux éblouis et fatigués ; une brise sourde glisse comme des gémissements dans ses oreilles étourdies ; une pluie de sueur froide coule de son front sur la crinière hérissée du cheval qui ronflait de fureur et d'effroi en sentant sa charge étrange et semblait voler plutôt que courir.

Quelquefois Mazeppa espérait que la fougue du coursier emporté allait se ralentir, mais vain espoir ; le poids de son corps n'était pas une charge pour le robuste animal qu'animait la colère, et chacun des mouvements du malheureux jeûne homme était un nouvel aiguillon qui pressait sa marche rapide. Mazeppa essaya de lui faire entendre sa voix, et quoiqu'elle fût faible et basse, elle ne fit que redoubler la rage et l'épouvante du coursier, qui bondissait à chacun de ses accents comme s'il eût entendu une trompette guerrière.

Après qu'ils eurent traversé la vaste plaine, ils entrèrent dans l'immense forêt qui lui servait comme d'horizon. La journée entière s'écoula sans que le cheval ralentît un instant sa course. Les membres de Mazeppa, d'abord gonflés par ses liens, puis déchirés, étaient baignés de sang ; une soif ardente le dévorait.

Le malheureux, par un mouvement désespéré, avait brisé les nœuds qui attachaient sa tête à la crinière du cheval ; il la soulevait avec peine, de temps en temps, pour voir s'il n'apercevrait pas quelque habitation ou quelque créature humaine qui pût le secourir ; mais c'était en vain ; il ne voyait toujours que la forêt déserte, et toujours la forêt. A chaque instant, il s'attendait à être déchiré par les branches touffues des arbres serrés ; mais comme la saison de l'été régnait alors, elles étaient tendres et flexibles et se ployaient devant le coursier fougueux.

La nuit arriva ; le froid cicatrisa quelque peu ses poignantes blessures. Mais un nouveau danger vint ajouter à l'horreur de sa situation : des loups, qui déjà les avaient suivis pendant la journée, s'enhardirent avec les ténèbres et se mirent à les poursuivre plusieurs à la fois.

Le cheval redoubla de vitesse pour échapper à ces dangereux ennemis, et Mazeppa, qui avait tant souhaité de sentir le galop de sa monture se ralentir et s'arrêter, craignait maintenant que les forces de l'animal ne vinssent à manquer pour continuer ce galop sans relâche.

Toutes les longues heures de la nuit se passèrent ainsi ; puis l'aurore parut, et Mazeppa put apercevoir, à une centaine de pas de distance, une longue file de loups qui les suivaient avec acharnement. Enfin la forêt se termina ; le cheval furieux et épouvanté continua à courir dans la plaine, et alors les loups s'arrêtèrent en hurlant à la dernière limite des arbres. Le soleil parcourant sa carrière, midi arriva et le cheval courait toujours.

Mazeppa, meurtri, exténué par le besoin, souffrant des douleurs intolérables, sentit sa tête en feu ; le battement de ses tempes semblait vouloir briser son front ; puis, un froid glacial le saisit malgré les ardeurs d'un jour de juin ; peu à peu, il se sentit défaillir, et enfin il perdit le sentiment, toujours emporté par son infatigable coursier.

Cependant la vie lui revint ; il se sentait toujours emporté par le cheval, mais il lui sembla

que son allure était changée. Tandis que les
pulsations de son sang glacé reprenaient lentement
leur cours, il sentit une douleur convulsive le
saisir tout entier. Des bruits étranges et discor-
dants arrivaient à ses oreilles ; son cœur tressail-
lit. La vue lui revenait, mais obscurcie comme
si un épais cristal se fût interposé entre elle et les
objets. Un bruissement de vagues s'élevait tout
autour de lui ; le ciel étoilé est sur sa tête, et il
s'aperçoit enfin que le sauvage coursier l'entraîne
dans les eaux profondes d'un fleuve.

Le large poitrail du superbe animal fend les
flots de l'onde argentée en cherchant à regagner
l'autre rive. Il a besoin de rassembler le reste de
ses forces affaiblies ; l'eau lui oppose une résistance silencieuse et terrible. Cependant il a
atteint le bord, mais ce bord est raide et escarpé ;
ses jambes fatiguées tremblent et glissent ; ses
flancs fumeux ruissellent ainsi que sa longue
crinière. Ses efforts redoublent ; enfin il a pris
pied et se met à parcourir une plaine immense
qui se déroule devant eux. Mais la vigueur du
sauvage animal est épuisée, son pas est lent et
inégal ; haletant, il se traîne encore avec son
fardeau humain, mais sa colère est domptée : un
enfant aurait pu le conduire.

Mazeppa cherchait en vain quelque vestige
d'habitation humaine ; il sentait avec une horreur

indicible que le cheval allait succomber et qu'il allait demeurer attaché à son cadavre, dans cette affreuse solitude, jusqu'à ce que lui-même eût cessé d'exister. Le jour qu'il appelait de tous ses vœux parut enfin, mais sans apporter de changement à son affreuse situation. Une fois encore il essaya de briser ses liens; mais il renonça bientôt à un projet qui ne faisait qu'accroître les douleurs intolérables dont il souffrait déjà.

Tout à coup il lui semble entendre le hennissement d'un coursier; le cheval l'a entendu comme lui, et il reprend assez de vigueur pour faire quelques pas encore vers un bois de sapins d'où le son était venu. Bientôt les pas pressés d'un escadron tout entier se fait entendre; Mazeppa veut pousser un cri, mais la voix meurt dans son gosier desséché. Enfin mille coursiers les entourent, mais ils sont sans cavaliers : c'est un troupeau de sauvages, de fiers animaux pareils à celui qui porte Mazeppa. Jamais la main de l'homme n'a emprisonné leur bouche sous le mors et le frein. Leurs sabots brillants ne connurent pas le fer; leur superbe vigueur ne fut jamais réprimée ni conduite : libres comme les vagues de l'Océan, ils errent à leur gré dans les bois touffus et profonds.

A cette vue, le cheval épuisé retrouve des forces pour témoigner sa joie par un faible hennissement, mais il ne peut aller plus loin. Après avoir jeté un regard mourant mais joyeux autour de lui, il s'affaisse, étend sa tête superbe sur le gazon parfumé, puis il expire doucement. Ses camarades l'entourent, le flairent et reculent épouvantés en reconnaissant Mazeppa ; leur instinct leur apprend que c'est un homme, un ennemi de leur race tout entière. Aussitôt ils prennent la fuite et s'enfoncent dans la forêt lointaine.

L'infortuné Mazeppa demeura seul enchaîné au cadavre insensible et refroidi du coursier. Il compta lentement les heures si longues qui s'écoulèrent depuis l'aube jusqu'au crépuscule. La nuit passa aussi, et le jour le retrouva encore avec juste assez de vie pour sentir son horrible situation et pour apercevoir le corbeau qui, abaissant de plus en plus, son vol, vint se poser sur lui, s'apprêtant à le dévorer.

A cette vue, un mouvement convulsif agita le corps du malheureux jeune homme ; le corbeau s'envola, mais Mazeppa perdit connaissance.

Pour la seconde fois il revint à la vie, mais il crut qu'il était le jouet de son imagination malade. Son corps endolori n'était plus attaché au cadavre du coursier, mais doucement étendu sur un lit bienfaisant et moelleux ; sa tête brûlante reposait sur un duvet choisi, et ses lèvres altérées étaient humectées par un breuvage délicieux.

Lorsque ses yeux appesantis s'ouvrirent péniblement pour regarder autour de lui, une forme gracieuse de femme s'offrit à ses regards éperdus. Penchée près de sa couche, elle semblait épier son réveil. Dès qu'elle s'aperçut qu'il la voyait et qu'il cherchait à lui parler, elle posa son joli doigt sur ses lèvres de rose, pour lui recommander le silence; puis, d'un pas léger et furtif, elle sortit de l'appartement.

Mazeppa était bien réellement sauvé. Une famille de cosaques de l'Ukraine, jusqu'où la course incroyable du cheval sauvage l'avait mené en traversant la forêt, l'avait trouvé respirant encore. Ces braves gens s'étaient empressés de couper ses liens et de le transporter avec précaution jusque dans leur demeure où les soins les plus intelligents lui furent prodigués. Peu de temps suffit pour rappeler sa robuste nature à la vie ; ses hôtes devinrent ses amis, et bientôt la tribu tout entière, reconnaissant les qualités supérieures de Mazeppa, sa connaissance approfondie de la guerre et son courage sans égal, le choisit pour son chef et son roi.

Le jeune homme, reconnaissant, ne trompa point leur attente; sous son commandement, leurs possessions s'agrandirent, leur prospérité redoubla. Craints de leurs ennemis, respectés de leurs amis, on les vit recherchés par des princes puissants comme auxiliaires et alliés.

Obéissant à un esprit de vengeance, Mazeppa alla ravager la Pologne et les possessions du seigneur, son ancien maître; et bien longtemps après, alors que les années eurent blanchi ses cheveux sans avoir affaibli sa vigueur, il devint l'allié de Charles XII et suivit ce monarque dans sa mauvaise fortune, car le vieux chef qui racontait cette histoire au roi de Suède, dans la forêt, n'était autre que l'intrépide Mazeppa.

L'ILE

ou

CHRISTIAN ET SES COMPAGNONS

Ce poème, divisé en quatre chants, a pour sujet un fait historique arrivé au capitaine marin Bligh, et la plupart des détails topographiques sont réels aussi.

Le talent de lord Byron a pu se développer à l'aise au milieu des scènes maritimes qu'il décrit, et le caractère de son héros convient admirablement à sa poésie sombre et énergique.

CHANT PREMIER

L'auteur commence par dépeindre, avec le charme qui lui est propre, un beau navire voguant à toutes voiles à l'heure matinale que les marins nomment le quart du matin. La nuit replie ses ombres devant les pures clartés de l'aurore, les étoiles pâlissantes s'effacent insensiblement, tandis que le vaisseau, laissant derrière lui les îles nombreuses du Sud, s'avance majestueusement, poussé par une brise rafraîchissante, vers l'immensité des eaux de l'Océan, qui commencent à s'empourprer des premiers rayons du soleil.

Le vaillant chef de ce navire dort paisiblement dans sa cabine. Il rêve de sa chère Angleterre qu'il va revoir bientôt, et les récompenses honorables qui attendent et vont couronner ses pénibles travaux et ses découvertes périlleuses.

Cependant la révolte couve sourdement à son bord ; un esprit indocile gouverne la plus grande partie de son équipage : c'est Christian, le maître d'armes, le lieutenant des canonniers. Ce jeune homme, fils d'une famille honorable du Nord, a été comblé des marques d'amitié du capitaine Bligh ; mais l'amour de l'indiscipline et de l'indépendance s'est emparé de lui.

Dans les mers lointaines que le capitaine Bligh vient de parcourir, se trouvent des îles nombreuses, sous un climat béni du Ciel, et où les habitants simples et doux, comme leur belle nature, n'ont eu que des paroles amies pour l'accueillir, lui et tous les hommes de son équipage.

La vie est charmante et facile dans ces îles

fortunées où l'abondance des biens de la nature permet aux habitants une existence calme et riante au milieu des travaux modérés de la pêche et de l'agriculture. C'est là que Christian veut retourner avec la plus grande partie de ses compagnons.

La plupart d'entre eux n'ont ni patrie, ni parents, ni avenir. Une vie rude et pénible est le sort qui les attend, et ils veulent jouir de l'indépendance et du bonheur, dans ces îles où ils sont assurés de trouver un accueil fraternel.

Voilà pourquoi, en voyant leur navire se diriger vers l'Europe, Christian et ses compagnons ont résolu de s'emparer du commandement, afin de conduire le vaisseau à leur gré.

La trame est ourdie ; le moment est fixé, et lorsque le capitaine Bligh se réveille de ses songes dorés, il se trouve captif. Deux hommes robustes lui ont saisi les bras, et pendant qu'ils les lui attachent, deux autres, appuyant la pointe de leurs baïonnettes sur sa poitrine nue, lui disent d'une voix basse et menaçante de ne pas faire de résistance et de garder un silence absolu sous peine de la mort.

Mais le brave militaire, sans se laisser intimider et comptant pour rien le péril de sa vie, appelle, de sa voix ferme et sonore ses officiers auprès de lui. C'est en vain ; ils sont tous prisonniers.

Alors, pour défier les mousquets nombreux qui se dirigent vers lui, il jette un regard superbe aux révoltés et leur commande de faire feu sur lui, comme s'il s'agissait d'un commandement ordinaire.

Les révoltés, par un mouvement subit d'admiration, abaissent leurs armes meurtrières, et ils se contentent de mener le noble capitaine sur le pont.

Là, Christian, revêtu du commandement qu'il vient d'usurper, ordonne que l'on mette la chaloupe à la mer. Il permet que l'on y descende de l'eau, quelques provisions, de la toile et une boussole. Ensuite, il ordonne aux hommes restés les plus fidèles à Bligh de s'y placer, et commande au capitaine d'y descendre. Mais Christian semblait agité, et il ordonna qu'on lui apportât de la liqueur à boire.

Alors le capitaine, le regardant fixement, lui demande d'un ton sévère ce qu'est devenue la reconnaissance que Christian lui devait pour les soins paternels qu'il lui a toujours prodigués.

Le front orgueilleux de Christian se couvre d'une rougeur ardente; ses yeux se baissent devant le regard calme de Bligh, tandis que ses lèvres convulsives articulent sourdement ces mots qui dépeignent le trouble et les remords de son âme: *Je suis dans un véritable enfer.*

Puis, faisant un signe aux révoltés, la chaloupe est poussée au large et abandonnée au terrible Océan.

A ce moment solennel, le soleil s'élevait au-dessus des ondes, la brise tantôt se taisant et tantôt, promenant ses ailes légères sur les cordes de l'Océan, murmurait comme une harpe éolienne des sons harmonieux et doux.

La chaloupe abandonnée se dirigeait péniblement vers les rocs que l'on voyait poindre à l'horizon comme un nuage au-dessus des flots.

Tout ce que ces infortunés eurent à souffrir est affreux à imaginer. Ne rencontrant, sur la vaste étendue des mers, que des rochers stériles ou l'immensité liquide, leurs provisions s'épuisèrent bientôt, malgré la parcimonie avec laquelle ils se les partageaient.

La famine poursuivait sourdement son œuvre de destruction et rendait ces malheureux semblables à des squelettes ; l'inconstance de l'Océan ajoutait à leurs tortures ; faibles, épuisés, ils avaient souvent à lutter contre le vent et la tempête.

Une soif ardente les dévorait d'une fièvre continue et leur faisait bénir les pluies froides et orageuses qui, tombant sur leurs membres nus, changeaient en frissons les ardeurs qui les consumaient, et, s'imbibant dans la voile de leur

frêle embarcation, leur gardaient quelques gouttes
d'une eau rare et impure pour humecter les
ressorts desséchés de leur vie.

Enfin ces spectres décharnés furent sauvés par
une providence divine. Ils eurent à faire le récit
véridique des dangers les plus horribles que les
annales de l'Océan aient jamais offerts à l'effroi
de l'homme et aux larmes de la femme.

Quant aux révoltés, poussés par un vent
favorable et portés par un bon navire, ils eurent
bientôt atteint les îles de leurs désirs.

CHANT DEUXIÈME

Dans ce deuxième chant, l'auteur décrit l'île
de Toubouaï, qui fait partie de ce groupe d'îles
fortunées où tendaient les vœux de Christian et
de ses compagnons. Ils sont arrivés en effet, dans
ces parages enchanteurs, et les habitants les ont
reçus comme d'anciens amis, comme des frères.

Ils ont cédé aux nouveaux venus l'île de
Toubouaï, et ceux-ci y coulent l'existence douce
et paisible qu'ils avaient rêvée. Plusieurs d'entre
eux ont même épousé de jeunes insulaires aux
grâces naïves, au cœur aimant, au caractère
simple et enjoué.

Parmi les compagnons de Christian, il en est
un qu'il préfère à tous les autres, à qui il a voué
une affection profonde comme les passions de son
cœur ardent. Il se nomme Torquil; il est originaire des îles sauvages du Nord, ce que l'on
devine à ses blonds cheveux, à son front blanc,
à ses yeux d'un bleu limpide. Né au bruit mugis-
sant des flots, bercé par le souffle impétueux des
vents, ce véritable enfant de la tempête avait
passé sa vie sur l'écume de l'Océan.

Il regardait la mer comme sa demeure et
comme le seul confident de ses pensées rêveuses.
Indifférent pour le présent, insouciant de
l'avenir, nourri de légendes et de ballades, il était
prompt à espérer et ferme à souffrir.

Sous le ciel de l'Arabie, il eût été le nomade
le plus hardi qui eût foulé les sables brûlants, et
il eût bravé la soif sur son chameau, ce vaisseau
du désert.

Sur les rives de Chili, il eût été un fier cacique;
sur les montagnes de l'Hellade (1), un Grec
rebelle; sous la tente d'un Tartare, il aurait pu
faire un Tamertan, et sur les degrés d'un trône,

______

(1) Le nom d'Hellade a été donné à la Grèce dans toutes les
phases de son histoire, depuis les temps primitifs jusqu'à nos jours.
Ce nom dérive de celui d'Hellen, un des premiers rois que signalent les annales de la Grèce antique. Ses descendants se répan-
dirent dans toute la Grèce, et c'est de là que les Grecs ont été appelés les Hellènes.

un mauvais roi ; car l'homme qui aime le pouvoir en abuse souvent.

Dans l'île de Christian, Torquil se contenta d'avoir choisi pour épouse la plus belle des jeunes filles de ces terres lointaines. Sa naissance était illustre; son père était un chef respecté et puissant, et sa famille comptait un grand nombre de guerriers invincibles.

Neuha, cette aimable habitante du désert, était presque une enfant par le nombre de ses années. Naïve et précoce dans sa pureté native, elle était belle comme une nuit étoilée et suave, comme les premières approches du sommeil.

Ses yeux étaient un langage et un charme ; ses joues brunes se coloraient facilement d'un incarnat rempli de vie, et sa peau transparente avait cette teinte légère du pur corail brillant à travers les vagues sombres.

Fille des mers, elle était douée de toute l'énergie de l'Océan ; mais son âme ardente et dévouée ne savait jouir que du bonheur des autres. Elle n'avait encore éprouvé de peines que celles qu'elle voyait souffrir, et ses sourires et ses larmes passaient comme un vent léger sur la surface d'un lac, dont il ride un instant le miroir sans le détruire.

Tels étaient Neuha et Torquil, et quoique nés à une si grande distance, plus d'un rapport les

unissait. Tous deux étaient familiers avec la mer
et les tempêtes ; tous deux nageaient dans
l'élément liquide comme les habitants des eaux ,
tous deux savaient manier la rame et l'aviron,
et tous deux avaient reçu le jour au milieu d'une
nature sauvage, magique et indépendante.

Neuha et Torquil se trouvaient assis un soir,
à l'entrée d'une grotte pittoresque. Le silence
de la chaude atmosphère des tropiques, pendant
les heures du jour, était déjà interrompu par
la brise harmonieuse et parfumée ; toutes les
fleurs épanouies livraient à l'air le trésor de leurs
suaves émanations ; un premier souffle commençait à agiter le palmier, et les vagues, doucement
soulevées, apportaient la fraîcheur sur le rivage.

Le soleil se couchait à l'horizon, non à pas
lents comme dans les climats du Nord où il
s'affaisse mollement dans les ondes ; mais d'un
seul bond, dans toute son énergie, il plongea
dans les flots son front radieux.

L'heure du crépuscule arriva aussitôt, mélancolique et douce, et les rochers brillants et cristal-
lisés, s'allumant par degrés, réfléchirent les
mouvantes clartés des étoiles.

Le jeune couple, partageant le calme de cette
belle nature, se leva et parcourut lentement le
chemin qui menait à leur cabane construite sous
un palmier protecteur.

Les bois plus sombres inclinaient leurs rameaux comme pour goûter le repos de la nuit ; l'oiseau des tropiques dirigeait son vol circulaire vers les rochers où est bâti son nid, et le bleu firmament se déployait devant Torquil et sa compagne comme un lac de paix.

Tout à coup une voix forte se fit entendre auprès d'eux ; elle appelait Torquil. Celui-ci s'arrêta, ainsi que sa jeune épouse. La voix appela de nouveau : c'était un des compagnons de Christian, un matelot, camarade de Torquil.

Sa venue, à cette heure avancée, annonce quelque malheur ; en effet, il vient apprendre à Torquil qu'un navire de guerre est en vue, que Christian, soupçonnant qu'on vient à leur poursuite, a ordonné à tous ses hommes de fourbir leurs armes, d'essayer les canons et de se rassembler pour le combat.

Torquil n'hésite pas un instant. Neuha ne cherche pas à le retenir, mais un regard expressif qu'ils échangent témoigne de toute la peine que leurs cœurs éprouvent.

CHANT TROISIÈME

Le vaisseau, aperçu par Christian et ses compagnons, était vraiment un vaisseau de guerre, envoyé à la poursuite de tous les révoltés. Le capitaine Bligh, sauvé par une protection spéciale de la Providence, avait été obligé de faire sa déposition, et les lois inflexibles de la discipline navale avaient de suite armé un navire, avec ordre de chercher les coupables et de les poursuivre à outrance.

Le projet de Christian n'avait pas été tellement secret que ceux qui accompagnaient le capitaine Bligh n'en eussent eu connaissance ; le vaisseau de guerre se dirigea donc presque à coup sûr vers les îles fortunées de l'océan du Sud.

Mais Christian et tous les siens sont décidés à ne pas se rendre et à vendre chèrement leur vie. Il n'y a plus pour eux ni pardon ni patrie ; il faut qu'ils soient vainqueurs ou qu'ils périssent.

Bientôt les préparatifs de défense sont prêts, et lorsque le navire superbe, avec ses canons brillants et nombreux, ses hommes aguerris et disciplinés et son commandant courageux et habile s'avance majestueusement vers l'île en arborant les couleurs nationales, il trouve les bords riants de ces lieux enchantés plongés dans un silence profond, et une petite troupe intrépide qui, l'arme en joue, l'attend sans s'étonner ni frémir.

Lorsque le commandant, debout sur son tillac, est à la portée de la voix, il somme par trois fois les rebelles de se rendre; mais leur attitude et leur silence lui apprennent que tout est inutile; il commande le feu et le combat s'engage.

Un rayon de lumière resplendit autour des canons au moment où ils donnent des ailes à la mort qui sort des flancs du navire. Les révoltés, écrasés en grand nombre, répondent fièrement par la décharge de leurs armes ; ils ajustent avec un sang-froid admirable et font des prodiges de valeur, mais le nombre et la force l'emportent sur la détermination la plus ferme.

Les révoltés sont tués, pris ou dispersés, et ceux qui survivent portent envie aux morts.

Le faible reste de la troupe vaincue va chercher un refuge à l'abri d'un roc immense qui s'avance au-dessus de leur tête, sur le bord écumeux de l'Océan. Là, épuisés par la perte du sang qui sort de leurs blessures, dévorés d'une soif ardente, ces quatre hommes ont encore les armes à la main, et ils conservent quelque chose de l'orgueil de leur résolution première.

Tandis qu'ils jouissaient d'une vie si heureuse dans leur île, leur destin présent avait été prévu par eux. Cependant un espoir leur restait alors ; ils s'imaginaient quelquefois que, sans être pardonnés pour leur révolte, on les oublierait, ou que, peut-être on ne pourrait les découvrir dans leur retraite lointaine, et ils avaient perdu de vue la vengeance sévère des lois de leur pays.

Maintenant, toute illusion est détruite, tout bonheur perdu. Leur île verdoyante et délicieuse, ce paradis gagné par le crime, ne pourra plus désormais les abriter. Proscrits jusque sur le sol de leur seconde patrie, c'en est fait d'eux sans retour.

En vain leurs paisibles amis qui les avaient accueillis comme des frères essayèrent-ils de les défendre ; ils avaient péri en masse, à peine protégés par leurs armes légères et inoffensives contre le tonnerre sulfureux des Européens.

La soif qui tourmentait ces malheureux devenait intolérable ; leurs visages abattus étaient éclairés par les sombres feux de leurs regards fébriles. Tout à coup un murmure continu frappe leurs oreilles ; pleins d'espoir, ils s'élancent et ne tardent pas à découvrir un petit ruisseau d'une eau fraîche et cristalline qui descendait en cascade du sommet du rocher et qui se frayait péniblement un chemin jusqu'à la mer, où son onde pure comme l'innocence, faisant reluire au-dessus de l'abîme son torrent argenté.

Tous se précipitent vers cette jeune source, et la soif de la colère et la soif de la nature absorbent en eux tout autre sentiment.

Lorsqu'ils se furent désaltérés, ils jetèrent autour d'eux de douloureux regards, étonnés de se voir encore si nombreux échappés aux fers et à la mort ; mais ils demeurèrent silencieux, se considérant les uns les autres comme pour se demander mutuellement des paroles que leurs lèvres leur refusaient.

Sombre et à l'écart, Christian se tenait les bras croisés sur sa large poitrine. La teinte colorée de son visage, l'air d'insouciance et d'intrépidité répandu naguère sur ses traits, ont fait place à une pâleur plombée et livide. Ses cheveux d'un brun clair, qui ornaient autrefois sa tête de boucles gracieuses, se hérissent maintenant sur son front comme des vipères irritées.

Immobile comme une statue, comprimant ses lèvres pour refouler dans son sein jusqu'à son haleine, il était appuyé contre le roc dans une attitude menaçante, et, sauf un léger mouvement de son talon qui, par intervalles, creusait profondément le sable, on eût dit qu'il était changé en marbre.

A quelques pas de lui, Torquil, mis à terre,

appuyait sa tête contre une saillie du rocher. Ses blonds cheveux étaient ensanglantés, son sang coulait ; mais la blessure qu'il avait reçue n'était pas mortelle, et il y pensait à peine.

Si son beau front était pâle, si ses yeux étaient fermés par ses longues paupières, c'est qu'un chagrin intérieur remplissait et abattait son âme... son inquiétude pour Neuha !

Auprès de lui se tenait un matelot, le même qui avait été l'avertir de se préparer au combat. Les manières de cet homme étaient rudes et grossières, mais son cœur renfermait pour Torquil toute l'affection d'un frère.

Ben, c'était son nom, se mit à laver doucement la blessure de Torquil ; puis il la banda le mieux qu'il put, et après avoir fixé sur lui un regard rempli d'amitié, il prit sa pipe et se mit tranquillement à fumer.

Le quatrième de ces infortunés se promenait avec agitation et colère, et des exclamations énergiques sortaient de ses lèvres serrées.

Christian, dans sa morne immobilité, ressemblait à un volcan éteint, silencieux, triste et farouche ; l'empreinte de la colère était sur sa face voilée d'un lugubre nuage. Tout à coup, relevant ses yeux sombres et les fixant sur Torquil, penché, faible et languissant à quelques pas de lui, un soupir de douleur sortit des profondeurs de sa poitrine, et, tout en s'avançant vers lui, il murmurait à demi voix que c'était là un des fruits bien amers de sa démence.

Lorsqu'il fut près du jeune homme, il lui prit la main avec émotion; mais au moment de la lui presser affectueusement, il recula comme effrayé de ses propres caresses, et c'est en hésitant qu'il s'informa, auprès de Ben, si la blessure était mortelle.

Le vieux matelot s'empressa de le rassurer en lui disant que l'arme ennemie n'avait touché que légèrement la tête de son jeune compagnon. Un éclair de joie brilla soudain sur le front de Christian, et, recouvrant toute son énergie, il parla à sa petite troupe avec ce ton de fermeté et d'audace qui lui était familier.

Il leur dit que puisqu'ils étaient pris par leurs adversaires comme dans des filets, il ne leur restait qu'à vendre chèrement leur vie; que pour lui il savait que libre il avait vécu, et que libre il voulait mourir.

En disant ces mots, l'orgueil et l'assurance agitèrent ses lèvres d'un sourire superbe; mais lorsque son regard étincelant se promena sur ces hommes dévoués qui l'écoutaient avec enthousiasme, un sentiment infini de tristesse vint inonder son cœur. Et ce chef terrible, ce chef d'une troupe de révoltés avait dans la voix une inflexion de mélancolie et presque de tendresse, lorsqu'il exprima à ses derniers compagnons d'infortune combien la pensée de leur danger jetait d'amertume dans son âme, et combien il donnerait volontiers son sang pour leur procurer un canot qui pût les transporter dans un lieu où tout espoir de salut ne leur fût pas ravi.

A peine Christian avait-il achevé ces mots, qu'une tache noire apparaît sur l'Océan ; elle arrivait sur eux avec la vélocité d'une mouette dans son essor. Tout à coup une seconde tache se montre et semble suivre la première.

Tantôt la cime des vagues les soulève dans leur course rapide, tantôt elles disparaissent dans la profondeur des flots.

Enfin on peut distinguer deux canots, et l'anxiété de Christian et de ses trois compagnons serait difficile à décrire. Est-ce un moyen de salut qui vient s'offrir à eux ou bien leurs persécuteurs les ont-ils découverts dans leur nouvelle retraite.

Bientôt tous les doutes sont levés, des visages amis sont tournés vers eux ; ces bras nus et basanés qui font avancer les pirogues, s'élèvent de temps en temps avec des signes d'amitié. Au bout de quelques instants, les deux barques, rasant légèrement les lames comme des oiseaux par un temps d'orage, viennent toucher la rive et s'arrêtent, obéissantes, sous la direction de ces hardis insulaires, habitués à jouer avec l'Océan.

Avant qu'un des nouveaux venus ait mis pied à terre, une femme s'est élancée sur le rivage. Ses grands yeux noirs et humides, étincelant d'espoir et d'affection, ont découvert Torquil, et l'entrevue de ces deux jeunes époux fut si touchante que ces hommes endurcis et farouches en furent attendris.

Le plus ému de tous ce fut Christian ; quelque chose de doux comme un sourire vint se mêler à ses sombres pensées ; mais bientôt l'amertume reprit le dessus, et ce fut avec un regret profond qu'il vint à réfléchir que sans lui ces deux êtres charmants jouiraient d'un bonheur pur et tranquille.

Mais un bruit de rames se fait de nouveau entendre, et cette fois, il n'y a pas à s'y tromper, ce sont leurs ennemis qui les poursuivent. Neuha, prompte comme l'éclair, donne des ordres à ses compatriotes ; les quatre Européens sont divisés sur les deux canots. Neuha entre dans celui où est monté Torquil, et les deux légères embarcations fuient avec la rapidité de la flèche.

Malheureusement leurs ennemis les ont vus et s'acharnent à leur poursuite. Une lutte désespérée s'engage, les insulaires manient mieux leurs rames ; mais leurs adversaires ont plus de bras, et ils peuvent se relever pour se procurer du repos.

Il semble tantôt que les deux pirogues prennent
un peu d'avance, et tantôt il semble qu'elles l'ont
perdue.

Les ennemis n'occupaient qu'une embarcation ;
alors l'idée vint aux insulaires de se séparer, afin
de rendre leur poursuite plus difficile, sur deux
routes différentes. Neuha les dirige ; c'est à un
refuge sûr qu'elle les conduit, et les deux canots
s'y rendent, quoique ne suivant pas la même
ligne.

Enfin le but de leur course n'est plus qu'à
quelques pas, leur cœur bat de joie et d'espoir,
les bras fatigués des rameurs se raidissent dans
leurs derniers efforts, lorsque soudain ils aperçoivent la barque ennemie qui est près de les
atteindre.

CHANT QUATRIÈME

Lorsque les deux canots se virent si près de
leurs ennemis, ceux qui les montaient sentirent
l'espoir se retirer de leurs cœurs glacés. Soudain
Neuha fait approcher son canot de celui où se
trouve Christian ; elle y fait passer tous les insulaires, et, demeurant seule dans le sien avec

Torquil, elle dit à Christian de fuir sans tarder avec ce nouveau renfort de bras.

Christian veut s'opposer à ce projet; mais Neuha lui assure avec un sourire si calme et si confiant qu'elle est certaine de se sauver avec Torquil, que toute hésitation cesse.

Les deux canots recommencent à fuir ; celui de Christian a bientôt devancé celui de Neuha. Celle-ci, habile à la rame, la manie avec dextérité, aidée de Torquil ; mais leurs efforts, quoique vigoureux, ne peuvent lutter contre les forces réunies des ennemis qui les poursuivent.

Torquil, plein de confiance dans sa jeune épouse, s'étonne cependant en la voyant diriger leur canot vers un rocher escarpé et affreux qui n'offre à l'œil désolé qu'une crête aride et gigantesque.

Mais au moment où la barque ennemie va les atteindre, Neuha, abandonnant les rames, dit à Torquil de l'imiter et de la suivre et, s'élançant dans la mer, elle plonge et disparait sous les flots, suivie de Torquil, qui plonge et disparait comme elle.

A ce moment, la chaloupe ennemie touche le canot vide ; les matelots, étonnés de l'action de Neuha et de Torquil, pensent qu'ils vont les voir reparaître, et alors ils se remettront à leur poursuite ; mais c'est en vain qu'ils attendent: les flots, un instant entr'ouverts et troublés, se referment, rien ne remonte à leur surface, et ils reprennent leurs paisibles ondulations.

Alors la barque ennemie fait le tour du rocher, et tous restent convaincus qu'il est impossible d'y aborder, pour y chercher un refuge, tant les contours en sont droits et glissants. Ils reviennent à l'endroit d'où ils étaient partis, et ne voient que le canot solitaire, balancé par les vagues tranquilles.

C'est en vain qu'ils plongent leurs regards dans les eaux limpides; ils ne découvrirent rien, et le couple charmant demeura enseveli dans ce sépulcre de cristal.

La plupart de ceux qui montaient la chaloupe, hommes ignorants et superstitieux, se regardèrent avec terreur. Pour eux, Torquil et Neuha devenaient des êtres fantastiques. Il y en eut qui assurèrent qu'ils avaient vu Torquil prendre des proportions gigantesques à leur approche, puis s'évanouir dans les airs. Quant à Neuha, elle n'était plus pour eux un être humain.

Cependant le canot de Christian fuyait avec vitesse, mais la chaloupe ennemie ne l'avait pas perdu de vue; désappointée du mauvais succès de sa première chasse, elle se remet avec une nouvelle ardeur à poursuivre le second canot.

C'est en vain que la colère et le désir de la

liberté multipliaient les forces de Christian et des siens. La lutte se prolongea; la chaloupe s'approchait de plus en plus, et les infortunés comprirent que tout salut leur devenait impossible.

Ils se dirigèrent alors vers la terre pour donner à cette île amie un dernier regard, comme victimes, ou pour y mourir les armes à la main.

Lorsqu'ils y eurent abordé, les généreux insulaires voulurent partager leur sort et les aider de tout leur pouvoir à se défendre; mais Christian s'y refusa énergiquement et exigea qu'ils regagnassent leur île.

Demeurés seuls sur un espace restreint et sauvage, ces trois hommes préparèrent leurs armes en silence. Ils avaient ce regard sombre, farouche et déterminé de l'homme qui, réduit à la dernière extrémité, dit adieu à l'espérance, alors qu'il ne lui reste même pas la gloire pour fortifier son courage contre la perspective de la mort.

Ils attendaient l'ennemi en braves, et cependant leur fin ne serait louée d'aucune bouche amie ou reconnaissante. Leur patrie ne leur élèverait pas une tombe pour que leur nom ne fût pas oublié. Avec quelque héroïsme qu'ils versassent leur sang, leur vie était réputée infâme et leur crime formerait leur épitaphe.

Ces convictions amères les accablaient dans cet instant suprême, surtout celui qui fut le chef de cette bande nombreuse dont il entraîna la ruine !

Le moment de la chute était arrivé pour lui ; néanmoins il faisait face au danger jusqu'au bout. Impassible comme le fragment de roc sur lequel il appuyait le canon de son fusil, il était sombre comme un nuage noir devant le soleil.

La chaloupe approcha encore. Ceux qui la montaient étaient bien armés, insouciants du péril et décidés à faire ce qu'exigerait leur devoir. Cependant il leur en coûtait d'avoir à combattre des Anglais, leurs compatriotes, et ils crièrent une première fois aux trois révoltés de se rendre.

N'ayant pas reçu de réponse, ils les sommèrent une seconde fois sans plus de succès. Alors, élevant la voix d'un ton solennel, ils leur adressèrent une troisième et dernière sommation, en leur offrant la vie ; mais l'écho seul des rochers répéta les sons mourants de leurs dernières paroles.

Alors la lumière des mousquets brilla ; leurs canons dardèrent des flammes, et la fumée s'éleva entre eux et les révoltés pendant que les balles venaient frapper en vain le roc sonore et tomber aplaties sur le sol. Les trois proscrits demeurèrent immobiles.

Après cette première décharge, les assaillants s'approchèrent ; alors Christian, d'une voix brève, commanda le feu à son tour, et deux hommes tombèrent mortellement blessés. Leurs compagnons, exaspérés par la fière contenance des révoltés et pour ce qu'ils appelaient leur résistance folle, escaladèrent le rocher pour arriver jusqu'à eux; mais Christian, en chef habile, avait su choisir sa position.

Pour arriver où il s'était placé avec ses deux fidèles camarades, il fallait gravir une pente presque droite et que nul sentier ne coupait. Chaque pas que faisaient les assaillants trouvait un obstacle ou un danger, tandis que les assiégés, les visant à leur aise, tiraient des coups sûrs et nombreux qui les précipitaient brisés au bas des roches aiguës.

Mais les assaillants ne se rebutaient pas; ils étaient nombreux et animés par la colère. Pour surprendre ces hommes terribles et désespérés, ils se dispersèrent sur plusieurs points à la fois, et parvinrent ainsi à portée, non de les saisir, mais de les tuer sûrement à leur tour.

Bientôt un des trois assiégés tomba, mais sans pousser ni gémissement ni soupir. Un deuxième se sentit frapper à mort sans prononcer une syllabe; il avait cessé de vivre que ses ennemis le croyaient encore dangereux.

Christian demeura seul; il chargeait et déchargeait son arme sans trève ni relâche, et malheur à celui qu'il ajustait. Cependant son sang coula par une première blessure. Alors on lui cria de se rendre ; pour toute réponse, il arma son terrible mousquet et envoya la mort à l'un de ses adversaires.

Christian reçut une seconde blessure qui lui fracassa la jambe, et il s'affaissa lentement sur lui-même. On lui cria de nouveau de se rendre ; mais cette sommation aigrit tous les ressentiments de cet homme désespéré au point de le rendre féroce.

Il n'avait plus de balle, mais une charge de poudre lui restait ; alors il arracha le bouton supérieur de sa veste, il le mit dans son fusil et il usa un dernier reste de vie à rayer encore un de ses semblables du nombre des vivants. Puis, comme un serpent qui agonise, il traîna en rempant son corps blessé et débile à l'endroit où le roc dominait les flots par un escarpement aussi horrible que son désespoir, et, jetant un regard en arrière, il se précipita dans l'abîme.

Son corps fut brisé comme un verre, et il ne resta de lui qu'une touffe soyeuse de cheveux, arrêtée à une plante marine dans la fente d'un roc, et les brillants débris de ses armes, qu'il ne quitta jamais.

Telle fut la fin de cet homme qui eût pu être un héros s'il eût maîtrisé ses passions au lieu d'en devenir l'esclave.

Le combat était terminé !... Les hommes de la chaloupe retournèrent à leur navire. Là se trouvait enchaîné le petit nombre de révoltés que l'on avait pu prendre vivants. Quant à ceux de ces infortunés tombés en combattant, ils gisaient abandonnés, sans honneurs, là où ils avaient péri, et les oiseaux de mer, accourus des flots voisins, tournoyaient au-dessus d'eux en agitant leurs ailes humides, et leur donnaient, pour hymme funèbre, le concert discordant de leurs cris affamés.

Le lendemain matin, l'aurore, fraîche et riante, colora le firmament d'une teinte d'or et d'azur ; la vague ondulait dans son éternelle indifférence ; les dauphins jouaient à sa surface ; le poisson-volant (1) s'élançait vers les premiers rayons du soleil, mais, à une faible hauteur, il redescendait vers l'eau pour humecter ses ailes promptement desséchées.

Le navire de guerre étendit au vent sa voile, dont les plis nombreux ondulèrent ; puis elle se gonfla et présenta au souffle de la brise sa large toile courbée en voûte, et le bâtiment majestueux s'éloigna lentement de la rive.

(1) Les poissons-volants sont ainsi nommés à cause de leurs nageoires membraneuses qui forment des ailes à peu près semblables à celles des chauves-souris et qui leur permettent de s'élever quelque temps dans les airs. Les plus remarquables sont le ptéroïs-volant, le pégase-dragon, et l'hirondelle de mer.

Dans une anse éloignée, on voyait s'élever légèrement, au-dessus des flots, une forme gracieuse
et charmante. C'était une jeune femme qui semblait épier, avec anxiété, les mouvements du
navire et la route qu'il allait prendre.

Lorsqu'il eut amené son ancre et qu'il com-
mença sa course, les yeux expressifs de la jeune
insulaire jetèrent un regard rempli de sollicitude
et d'effroi vers un rocher qui était près d'elle ; mais
lorsqu'elle vit le navire prendre la pleine mer et
s'éloigner des îles, sa respiration suspendue reprit
son cours calme et régulier. Un sourire joyeux
entr'ouvrit ses lèvres ; puis, plongeant dans l'eau
comme une habitante de l'Océan, elle disparut à
tous les regards, et nageant au travers des récifs,
elle passa sous une voûte de rochers et se trouva
bientôt debout dans une grotte délicieuse.

Neuha, car c'était elle, secouant avec grâce
l'eau qui ruisselait de sa noire chevelure et de ses
légers vêtements, fit entendre un rire argentin,
dont le son fut répété par les échos de la voûte,
et tendant ses deux mains à Torquil qui la regardait avec ravissement, elle lui annonça que leurs
ennemis étaient partis et qu'ils étaient libres.

Neuha avait ainsi trouvé, dans les ressources
fécondes de sa tendresse, le moyen de sauver son
époux du malheur qui avait enveloppé tous ses
compagnons.

Lorsqu'elle avait plongé avec Torquil, aux yeux de ceux qui les poursuivaient, c'est dans ce refuge qu'elle l'avait conduit.

Depuis que le navire de guerre était venu attaquer les révoltés, Neuha avait cherché cette grotte où coulait une source d'eau pure ; elle l'avait pourvue abondamment de provisions, et dès que le moment lui avait paru propice, elle y avait conduit Torquil. La reconnaissance de celui-ci est plus facile à comprendre qu'à exprimer quand il se vit ainsi sauvé dans cet abri charmant, où Neuha avait rassemblé toutes les commodités de la vie.

Dès qu'ils n'eurent plus rien à craindre, Torquil et sa compagne sortirent de leur retraite. Ils furent reçus par les bons insulaires avec des transports de joie et de tendresse ; c'est avec une espèce de vénération qu'ils vinrent les uns après les autres visiter l'abri qui avait sauvé les deux jeunes époux, et désormais ce lieu de refuge fut nommé la grotte de Neuha.

CHILDE HAROLD

DÉDICACE

Lord Byron s'adresse à la toute jeune lady Harley, âgée de onze ans, seconde fille du comte d'Oxford, et à laquelle il donne le nom imaginaire de Yanthé. Il lui dit que ni dans les climats qui sont la patrie privilégiée de la beauté, ni dans les plus ravissantes visions du cœur, rien d'aussi charmant que son enfantine beauté ne lui a jamais apparu. Il souhaite qu'elle tienne toutes les promesses de son frais printemps, et qu'elle conserve, avec des formes aussi gracieuses, son cœur aussi pur, aussi aimant et aussi candide qu'il l'est déjà.

Il lui demande de fixer les regards doux et brillants de ses yeux de gazelle sur les vers qu'il lui dédie, de leur accorder un de ses sourires, et de ne pas lui demander pourquoi il lui adresse ses chants, mais de lui permettre seulement de

joindre un lis sans tache aux fleurs de sa couronne de poète.

Ce poème, divisé en quatre chants, a pour sujet
les voyages d'un jeune homme qui a quitté sa
patrie, blasé sur tout et désenchanté de toutes
choses. Il parcourt un grand nombre de pays dont
il fait la description.

Ce n'est en réalité que la relation des propres
voyages de lord Byron, qui s'est tellement identifié
à son héros imaginaire que souvent il l'oublie
tout à fait et se met franchement à ne parler que
de lui-même, ce qui jette assez d'incohérence
dans son récit.

Du reste, ce poème ne renferme ni aventures
ni intrigues et nous n'en avons fait qu'une
analyse rapide, parce qu'en s'occupant des poèmes
de lord Byron, on ne peut passer sous silence
Childe Harold, le premier de tous, qui parut et qui
fut accueilli par un enthousiasme et un retentisse-
ment universels, tant à cause du génie qu'y
révélait l'auteur que parce que chacun le reconnut dans son héros.

CHANT PREMIER

Dans le premier chant, l'auteur se dépeint en dépeignant Childe Harold. C'est la même noblesse d'origine, les mêmes charmes extérieurs, la même exaltation, le même caractère ardent et passionné.

Childe Harold, ainsi que lord Byron, dégoûté de tous les biens dont il a abusé, quitte l'antique manoir de ses ancêtres, sans dire un dernier adieu ni à sa mère ni à sa sœur, voulant s'épargner une douleur inutile.

Childe Harold aborde d'abord en Portugal, et, parcourant ce pays ainsi que l'Espagne, il rappelle les souvenirs historiques de ces deux nations, et retrace la beauté du climat et les sites enchanteurs des contrées qu'elles habitent.

A Cadix, cette ville ravissante où l'on ne songe qu'à la joie et aux plaisirs, Childe Harold assiste à un combat de taureaux, lutte sanglante et cruelle des animaux et des hommes, et il a des paroles pleines de sentiment pour flétrir un amusement aussi barbare.

CHANT DEUXIÈME

Dans le deuxième chant, lord Byron, qui va nous mener en Grèce avec son héros, commence par une sorte d'invocation à Athènes, cette ville si belle, si poétique et si riche de souvenirs.

La lyre du poète fait entendre un chant de regret et de mélancolie sur les ruines éloquentes de cette antique cité ; puis sa voix s'élève jusqu'à l'indignation pour jeter la honte sur le célèbre antiquaire, lord Elgin, qui, voulant enrichir le royaume britannique des restes précieux des chefs-d'œuvre de la Grèce, en dépouilla Athènes, particulièrement le Parthénon, temple dédié à Minerve.

Le poète revient ensuite à son héros Childe Harold. Il montre ce jeune homme au cœur indifférent et glacé, quittant la terre hospitalière de l'Espagne, sans un regret, sans un soupir. Il est monté sur un navire qui fend rapidement les flots.

Le talent de lord Byron a une magie merveilleuse qui poétise tout ce que sa lyre veut chanter. Ainsi, dans la longue course que fait ce navire, depuis l'Espagne jusqu'à la Grèce, le poète se laisse aller à une nomenclature aussi savante que gracieuse. Tantôt ce sont les charmes rêveurs d'un voyage sur mer dont il dépeint les splendides beautés; tantôt c'est le navire même avec ses voiles blanches et ses cordages flottants, ses matelots empressés, ses officiers aimables et son commandant sévère.

Ce sont enfin les lieux rendus célèbres par quelque événement historique, qu'il salue en passant et dont il rappelle le souvenir.

Enfin Childe Harold, aborde en Turquie et il la parcourt avec la curiosité avide d'un homme qui veut se secouer d'une satiété léthargique. Il en visite toutes les provinces, devenues maintenant obscures, et qui furent autrefois ces contrées si célèbres de la Grèce antique. Il évoque tous les souvenirs de la mythologie et de l'histoire.

L'auteur termine ce chant par une invocation pleine d'amertume et de mélancolie adressée à cette gloire antique de là Grèce, qu'il compare à son état actuel d'abaissement et de servitude; car au moment où lord Byron écrivait ce poème, la Grèce était encore complètement soumise à la Turquie.

CHANT TROISIÈME

Lord Byron commence ce chant par une invocation à sa fille bien aimée, sa petite Adda. Il rappelle, d'une manière touchante, la première fois qu'il a vu l'azur de ses yeux le regarder en lui souriant avec tendresse, alors que son propre cœur était rempli d'une espérance qu'il a perdue maintenant.

Ensuite, oubliant son personnage de Childe Harold, il rend compte de ses impressions lorsqu'il a parcouru la Suisse, la Belgique et l'Allemagne. Il s'arrête à considérer l'endroit où se donna, en Belgique, en 1815, la bataille de Waterloo, et il appelle cet emplacement la plaine des ossements et le tombeau de la France.

Childe Harold va ensuite en Suisse, et l'ossuaire de Morat (1), près de Fribourg, fournit encore à lord Byron de magnifiques vers. Ce monument fut élevé par les Suisses, en 1476, avec les os des Bourguignons qu'ils avaient vaincus, lorsque le duc de Bourgogne, Charles le Téméraire, vint

(1) L'ossuaire de Morat fut détruit en 1798 par les Français victorieux, mais en 1822, il a été remplacé par une colonne en pierre de dix-neuf mètres de hauteur.

les attaquer. Cet ossuaire inspire à lord Byron une mélancolie pleine de poésie.

A Aventicum, tout près de Morat, Harold s'arrête aussi devant la tombe de la jeune Julia Alpinuna, prêtresse d'Aventicum, au temps de la domination romaine en Helvétie, et qui, n'ayant pu sauver son père, condamné à périr comme traître, mourut de douleur.

Le tombeau de cette jeune fille n'a été découvert que dans les temps modernes.

Childe Harold traverse ensuite le lac Léman, et lord Byron, avec toutes les majestueuses images de son beau génie, décrit une tempête sur ce lac.

Il termine ce chant en s'adressant à sa fille chérie, comme il l'a fait en le commençant. Rien n'est triste et doux comme ces dernières stances. Il se plaint douloureusement d'être privé de la joie infinie de voir croître et se développer cette enfant de ses plus chères affections ; il s'afflige à la pensée de ne pouvoir l'asseoir sur ses genoux, lui parler son langage enfantin et baiser tendrement sa joue rose. Puis il ajoute qu'il espère qu'elle lui rendra un jour un peu de cet amour dont son âme est remplie pour elle, et il finit en lui disant que, quel que soit le lieu où il se trouve, soit sur le vaste Océan, soit sur les hauteurs des montagnes, il appelle sur elle toutes les félicités dont elle aurait pu être la source pour lui.

CHANT QUATRIÈME

Le troisième et le quatrième chant ont été composés huit ans après les trois premiers. Dans une préface adressée à John Hobhouse, ami de lord Byron et qui l'a accompagné dans tous ses voyages, l'auteur dit qu'on retrouvera à peine le personnage de Childe Harold dans les chants qui vont suivre, attendu qu'il est fatigué d'établir, entre lui et son héros, une ligne de démarcation que le public ne veut pas accepter, et qu'il parlera tout simplement de ses impressions à lui-même dans ce qui lui reste à détailler de ses voyages en Italie.

C'est le sujet de ce dernier chant.

Lord Byron commence par la description de Venise; il parle du fameux *Pont des Soupirs* qui sert de communication entre le palais des anciens doges et les prisons de la ville; c'est pour cela qu'on lui a donné ce nom expressif de *Pont des Soupirs*. C'est une galerie couverte élevée au-dessus de l'eau.

Lord Byron, en voguant sur les lagunes, regrette les chants des anciens gondoliers, ces

chants formés des stances du Tasse et tirées de
la *Jérusalem délivrée*.

De Venise, lord Bydron va dans le reste de
l'Italie. Il s'arrête à Arqua, bourg voisin de
Padoue et où se trouve le tombeau de Pétrarque (1).
L'histoire de ce célèbre poète italien lui inspire
des stances fort touchantes.

A Ferrare, en voyant les longues rues de cette
ville où l'herbe croissait comme dans une solitude, lord Byron s'écrie qu'il lui semble qu'une
malédiction céleste pèse sur cette cité, si popu-
leuse jadis, et dont la faute fut d'avoir maltraité
le Tasse, cet infortuné poète qui fut persécuté de
1576 à 1586 de la manière la plus cruelle par
le duc de Ferrare, Alphonse II, parce qu'il avait
osé aspirer à la main de l'une des sœurs du duc,
la belle Léonor.

(1) Pétrarque naquit à Arezze, ville de la Toscane. Son père,
banni de Florence, comme ardent gibelin alla se fixer avec lui en
France à Avignon. Les Gibelins étaient les partisans de la maison
impériale de Souabe et les ennemis des Guelfes ou partisans de la
maison de Saxe. Plus tard, les Gibelins devinrent les partisans de
l'aristocratie, tandis que les Guelfes représentèrent la démocratie.

Ce fut à Avignon que Pétrarque, à l'âge de 23 ans, vit dans une
Eglise la belle Laure de Noves dont la beauté fit sur lui une impression si vive qu'il résolut de l'épouser. Son chagrin fut extrême
en apprenant que Laure était déjà mariée au sire Hugues de Sades,
et comme elle était aussi vertueuse que belle, Pétrarque lui voua
un véritable culte qu'il lui conserva toute sa vie, même après la
mort de Laure. Pétrarque a immortalisé cette jeune femme par des
vers dans lesquels il exprime ses regrets, en exaltant le mérite et
les charmes de Laure. Pétrarque vécut de 1304 à 1374.

A Florence, lord Byron reproche encore à cette ville l'exil du Dante (1), ce poète non moins illustre que le Tasse et auteur de la *Divine Comédie*. C'est à Florence encore que lord Byron s'arrête à considérer le tombeau de la puissante famille des Médicis, qui se rendit si célèbre au XVe et au XVIe siècle par la protection qu'elle accorda aux arts.

En allant à Péronne, ville des anciens Etats de l'Eglise, lord Byron aperçoit le lac Trasimène, aujourd'hui lac de Pérouse, et une stance admirable rappelle le combat qui eut lieu en 217 avant Jésus-Christ entre les Carthaginois commandés par le grand Annibal, et les Romains commandés par le consul Flaminius. Ce combat fut tellement acharné qu'aucun des deux partis ne s'aperçut d'un tremblement de terre qui eut lieu pendant l'action.

A Rome, lord Byron évoque mille souvenirs de noms illustres. Il fait une invocation à la Némésis romaine, et rappelle cette statue qui représentait l'empereur romain, Auguste, en habit de mendiant. L'historien Suétone rapporte, en

(1) Le Dante était l'ami du père de Pétrarque dont il partagea les sentiments politiques et le bannissement; chassé en 1302 de Florence, sa patrie, dont il avait été quelque temps gouverneur et réduit à la misère dans l'exil, il se vengea de ses ennemis en les représentant d'une manière saisissante parmi les damnés de son enfer, première partie de son beau poème intitulé la *divine Comédie* et dont les autres parties sont le *Purgatoire* et le Paradis.

effet, qu'Auguste, une fois par an, vêtu en mendiant, se tenait à la porte de son palais, tendant la main et demandant l'aumône. Le motif de cette humiliation volontaire était l'espoir superstitieux d'apaiser la déesse de la Vengeance que les Romains adoraient avec leurs autres dieux, et qu'ils considéraient comme une ennemie implacable de tout succès. Aussi les conquérants romains portaient-ils les emblèmes de cette divinité à leur char, afin de ne jamais oublier son terrible pouvoir.

La statue qui représentait Auguste en mendiant a été transportée à Paris.

Enfin, après une magnifique invocation à l'Océan, lord Byron se demande ce que sont devenus tant d'empires qui cotoyaient les rives des mers. Il nomme la Grèce, Rome, Carthage. Puis, revenant à son héros, il cherche son Childe Harold qu'il n'a pas nommé une seule fois dans ce dernier chant, et faisant ses adieux au lecteur, il dit que sa tâche est terminée avec la fin des voyages du pèlerin *Childe Harold*.

WALTER SCOTT

WALTER SCOTT

Né à Edimbourg, le 15 août 1771. — Mort en 1832.

BIOGRAPHIE

A Edimbourg en 1771 (année féconde en
grands hommes), d'un petit gentilhomme exer-
çant une charge dans la magistrature, le jeune
Walter Scott ne donna point dans ses études des
signes du talent brillant qui devait l'illustrer plus
tard. Maladif et boiteux, il eût été étouffé à
Sparte dès le berceau. Ses parents, plus sages,
l'envoyèrent respirer l'air vif des montagnes
d'Ecosse, où, tout en se roulant sur l'herbe, il
fortifiait son tempérament et recueillait les
légendes du pays, qu'il se plaisait ensuite à

raconter aux petits camarades rassemblés autour de lui.

Devenu homme, il suivit la carrière du droit, et devint shériff du comté de Selkirk, puis greffier des assises à Edimbourg. Des poésies furent ses premiers ouvrages; mais il ne tarda pas à abandonner les vers pour la prose, et *Waverley* fut son premier roman. Le succès qu'obtint cette œuvre engagea l'auteur à persévérer dans ce genre, où il ne s'était d'abord hasardé que sous le voile du pseudonyme. Sa réputation devint bientôt européenne. Ses ouvrages ne sont pas tous de la même force; mais tous présentent au fond les mêmes qualités : l'exactitude et l'impartialité historique, un art admirable pour tracer les caractères et faire parler les personnages, un talent descriptif des plus attachants, un mélange d'idéal héroïque et de détails familiers et comiques habilement fondus, une extrême variété, des incidents dramatiques, des scènes sublimes, la chasteté dans les peintures et dans les caractères, le culte d'une race respectable et proscrite, tout concourt à faire des romans de Walter Scott une suite d'études aussi intéressantes que saines et instructives. Aussi peut-on les laisser sans crainte aux mains de la jeunesse, chez qui elles ne peuvent qu'aider au développement des plus nobles instincts. On a

cependant reproché à Walter Scott des longueurs
et certaines trivialités. Le premier défaut tient
au goût anglais, et les meilleurs traducteurs se
sont appliqués à l'atténuer en abrégeant au
besoin. Quant à la trivialité, elle résulte souvent
de la vérité avec laquelle il peint et fait parler
divers personnages.

Les principaux ouvrages de sir Walter Scott
sont : *Ivanhoë*, — *les Fiancés*, — *Richard en
Palestine*, — *Quentin Durward*, — *le Mona-
stère*, — *l'Abbé*, — *les Puritains*, — *Péveril
du Pic*, — *Une Légende du Montrose*, — *la
Fiancée de Lammermoor*, — *la Prison d'Édim-
bourg*, — *Charles le Téméraire*, — *Kénilworth*,
la Jolie Fille de Perth, — *l'Antiquaire*, —
Rob-Roy, — *Woodstock*, — *Culloden*, —
Redgauntlet, *etc*.

Du moins tels sont ceux de ses romans qui
offrent le plus d'intérêt; ils valent tout un
cours d'histoire, nonobstant quelques préventions protestantes dont l'auteur, malgré son
impartialité, n'a pu tout à fait se défendre;
elles sont quelque fois relevées dans des notes
que M. Defauconpret a jointes à sa traduction.

On a faussement attribué à Walter Scott cer-
tains ouvrages dont on peut aisément reconnaître qu'il n'est pas l'auteur, car ils manquent
de verve en même temps que de vraie moralité.

Le succès des ouvrages de Walter Scott ayant augmenté considérablement sa fortune, l'auteur put acheter la propriété d'Abbotsford sur la Tweed, dont il fit un séjour délicieux; mais en 1826 une banqueroute le ruina complètement. Il se remit alors courageusement au travail et fit paraître une *Vie de Napoléon,* qui n'eut pas autant de succès que ses romans.

Il succomba au bout de quelques années à l'excès du travail qu'il s'était imposé pour payer ses créanciers, et mourut en 1832, à l'âge de soixante et un ans.

On peut dire que ses romans, où l'histoire sert de cadre à une fiction qui ne l'altère en aucune façon, ont fondé une école nouvelle. Plusieurs s'en sont heureusement inspirés, mais personne n'a encore surpassé ni même égalé le maître.

(Extrait des *Perles de la littérature contemporaine;* par M. de Gaulle, Gr. in-8°, 4 fr. — Chez le même éditeur).

LA CLAIRIÈRE, GURTH ET WAMBA

Les derniers rayons du soleil frappaient sur une belle et verte clairière de la forêt dont nous avons parlé; des centaines de vieux chênes au tronc peu élevé, mais qui avaient peut-être vu la marche triomphale des armées romaines, étendaient leurs rameaux noueux et touffus sur une pelouse délicieuse; en quelques endroits, ils étaient mêlés de bouleaux, de houx, et de bois taillis de toute espèce, dont les branches étaient entrelacées de manière à intercepter entièrement les rayons du soleil couchant. Ailleurs, ces arbres, s'écartant les uns des autres, formaient de ces longues avenues dans les détours desquelles la vue aime à s'égarer, tandis que l'imagination les considère comme des sentiers conduisant à des sites encore plus sauvages et plus solitaires. Ici les rayons pourprés du soleil jetaient une lumière plus pâle et comme brisée sur les branches et sur les troncs monstres des arbres. Là ils éclairaient d'un vif éclat les différentes clairières sur les-

quelles ils pouvaient tomber sans obstacle. Un
grand espace ouvert semblait avoir été consacré
autrefois aux rites du culte des druides ; car,
sur le sommet d'une petite colline, si régulière
qu'elle paraissait l'ouvrage de la main des hommes,
on voyait les restes d'un cercle de pierres énormes,
brutes et non taillées. Sept restaient debout ; les
autres avaient été déplacées probablement par le
zèle de quelques-uns des premiers néophytes du
christianisme ; les unes n'avaient été roulées qu'à
la distance de quelques pas, d'autres étaient ren-
versées sur le penchant de la colline ; une seule
des plus larges, précipitée jusqu'au bas, avait
arrêté dans son cours un petit ruisseau : forcée
de surmonter cet obstacle, l'onde faisait entendre
un doux murmure qui lui manquait auparavant.

Deux figures humaines faisaient partie de ce
paysage ; leur extérieur et leurs vêtements
avaient ce caractère sauvage et rustique, auquel
on reconnaissait, dans ces temps reculés, les
habitants de la partie boisée du West-Riding de
l'Yorkshire. Le plus âgé avait un aspect dur et
grossier ; l'habit qui le couvrait était de la forme
la plus simple possible : c'était une sorte de
jaquette serrée à manches, faite de la peau tannée
de quelque animal, à laquelle on avait primi-
tivement laissé le poil ; mais ce poil était alors
usé en tant d'endroits, qu'il aurait été difficile

de juger à quelle créature il avait appartenu.
Ce vêtement descendait du cou au genou et
tenait lieu de tous ceux qui sont destinés à cou-
vrir le corps; il n'avait qu'une seule ouverture
par le haut, de largeur suffisante pour y passer la
tête, de sorte qu'il était évident qu'on le mettait
de la même manière qu'on met aujourd'hui une
chemise, ou plus anciennement un haubert. Des
sandales attachées avec des courroies de cuir de
sanglier protégeaient ses pieds; deux bandes
d'un cuir plus mince s'élevaient et se croisaient
jusqu'à mi-jambe, et laissaient le genou à nu,
comme dans le costume des montagnards écossais.
Elle était assujettie autour du corps par une ceinture de cuir serrée par le moyen d'une boucle
de cuivre. A cette ceinture étaient suspendus,
d'un côté une sorte de petit sac, de l'autre une
corne de bélier dont on avait fait un instrument
à vent garni d'un bec; on y voyait aussi attaché
un de ces longs couteaux de chasse, à lame large,
pointue, et à deux tranchants, garni d'une poignée de corne. On fabriquait cette arme dans le
voisinage, et on l'appelait dès lors couteau de
Sheffield. La tête de l'homme que nous décri-
vons était nue, et ses cheveux arrangés en tresses
très serrées; le soleil les avait rendus d'un roux
foncé, couleur de rouille, qui contrastait avec sa
barbe d'une nuance jaunâtre comme l'ambre. Je

n'ai plus à parler que d'une seule partie de son ajustement, et elle était trop remarquable pour qu'on puisse l'oublier : c'était un collier de cuivre, semblable à celui d'un chien, qu'il portait autour du cou ; ce collier, sans ouverture, mais attaché à demeure, était assez lâche pour ne gêner ni sa respiration ni ses mouvements ; il aurait été cependant impossible de l'enlever sans avoir recours à la lime. On y lisait l'inscription suivante : « Gurth, fils de Beowulph, est l'esclave né de Cedric de Rotherwood. »

Près de ce gardien de pourceaux, car telle était l'occupation de Gurth, était assis, sur une des pierres druidiques, un homme qui paraissait plus jeune d'environ dix ans, et dont l'habillement, quoique de même forme que celui de son compagnon, était plus riche et de forme plus fantastique. Sa jaquette était d'un pourpre brillant, et sur le fond on avait essayé de peindre des ornements grotesques de diverses couleurs. Il portait aussi un manteau court qui ne lui descendait guère qu'à mi-cuisse. Ce manteau était d'étoffe cramoisie, salie par plus d'une tache, et bordé d'une bande d'un jaune vif ; il pouvait le porter à volonté sur l'une ou l'autre épaule, ou s'en envelopper tout entier ; et la largeur, contrastant avec son peu de longueur, formait une draperie d'un genre bizarre. Ses bras étaient ornés de minces bracelets d'argent, et son cou entouré d'un collier de même métal, sur lequel étaient gravés ces mots : « Wamba, fils de Witless, est l'esclave de Cedric de Rotherwood. » Les sandales de ce personnage étaient semblables à celles de Gurth ; mais ses jambes, au lieu d'être couvertes de deux bandes de cuir entrelacées, portaient des espèces de guêtres dont l'une était rouge et l'autre jaune. Il avait sur la tête un bonnet garni de clochettes, pareilles à celles qu'on attache au cou des faucons, et on les entendait sonner à chaque mouvement qu'il faisait, c'est-à-dire presque continuellement, attendu qu'il changeait de position à chaque minute. Ce bonnet, bordé d'un bandeau de cuir découpé en forme de couronne, se terminait en pointe, et retombait presque sur l'épaule, comme un de nos anciens bonnets de nuit, ou comme le bonnet de police d'un hussard de nos jours : c'était à cette partie de l'ajustement de tête que les clochettes étaient attachées. Cette particularité, la forme d'un bonnet, et l'expression moitié folle et moitié malicieuse de la physionomie de Wamba, indiquaient suffisamment qu'il appartenait à cette race de *clowns* ou bouffons domestiques que les grands entretenaient pour charmer l'ennui des heures qu'ils étaient obligés de passer dans leurs châteaux. Il avait, comme son compagnon, un sac attaché à sa ceinture ; mais on ne lui voyait ni corne ni couteau de chasse, peut-être parce qu'on aurait cru imprudent de confier des armes à cette classe d'hommes. Le couteau était remplacé par un sabre de bois, semblable à la batte avec laquelle arlequin opère ses prodiges sur nos théâtres modernes.

L'air et la contenance de ces deux hommes formaient un contraste non moins frappant que leur costume. Le front de Gurth paraissait chargé d'ennuis ; il avait la tête baissée, avec une apparence d'abattement qu'on aurait pu prendre pour de l'apathie, si le feu qu'on voyait briller dans ses regards, quand il levait les yeux, n'eût indiqué que, malgré cet air de sombre découragement, son cœur sentait l'oppression à laquelle il était condamné. La physionomie de Wamba n'annonçait qu'une curiosité vague, une sorte de besoin de changer d'attitude à chaque instant, et la satisfaction que lui inspirait le poste qu'il occupait et le costume dont il était revêtu :

Ils conversaient en anglo-saxon.   .   .   .

.   .   .   .

— Que la malédiction de saint Withold tombe sur ce misérable troupeau ! dit Gurth après avoir plusieurs fois sonné de sa corne pour rassembler ses pourceaux épars, qui, tous en répondant à ce signal par des sons également mélodieux, ne se pressaient pas de quitter le somptueux banquet de glands et de faînes qui les engraissait, ni les rives bourbeuses d'un ruisseau ou plusieurs, à demi plongés dans la fange, restaient étendus à leur aise, sans écouter la voix de leur gardien... Si le loup à deux pieds ne m'en attrappe pas quelques-uns ce soir, je ne m'appelle pas Gurth. Ici, Fangs, ici! cria-t-il à un chien d'une grande taille, au poil rude, moitié mâtin, moitié levrier, qui courait çà et là comme pour aider son maître à rassembler son troupeau récalcitrant, mais qui dans le fait, soit qu'il fût mal dressé, soit qu'il ne comprît pas les signaux de son maître, soit qu'il n'écoutât qu'une ardeur aveugle, chassait les pourceaux devant lui de différents côtés, et augmentait ainsi le désordre au lieu d'y remédier.

— Que le diable lui fasse sauter les dents! continua Gurth, et que le père de tout mal confonde le garde-chasse qui arrache les griffes de devant à nos chiens et les rend par là incapables de faire leur devoir! Wamba, allons, lève-toi, et, si tu es un homme, donne-moi un peu d'aide. Tourne derrière la montagne pour prendre le vent sur mes bêtes, et alors tu les chasseras devant toi comme d'innocents agneaux.

— Vraiment? répondit Wamba sans changer de posture : j'ai consulté mes jambes sur cette affaire, et elles sont d'avis l'une et l'autre qu'exposer mes brillants habits dans ces trous pleins de fange serait un acte de déloyauté contre ma personne souveraine et ma garde-robe royale. Je te conseille donc Gurth, de rappeler Frangs et d'abandonner ton troupeau à sa destinée; et soit qu'ils rencontrent une troupe de soldats, une une bande d'*outlaws* (1), où une compagnie de pèlerins, les animaux confiés à tes soins ne peuvent manquer d'être changés demain matin en Normands, ce qui ne sera pas un petit soulagement pour toi.

— Mes pourceaux changés en Normands? dit Gurth, Explique-moi cela, Wamba, je n'ai ni le cerveau assez subtil, ni le cœur assez content, pour deviner des énigmes.

— Comment appelles-tu ces animaux à quatre pieds qui courent en grognant?

— Des pourceaux, fou, des pourceaux; il n'y a pas de fou qui ne sache cela!

— Et pourceau (*pig*) est du bon saxon. Mais quand le pourceau est égorgé, écorché, coupé par quartiers et pendu par lés talons à un croc comme un traître, comment l'appelles-tu en saxon?

— Du porc, répondit le porcher.

— Je suis charmé, dit Wamba, qu'il n'y ait pas de fou qui ne sache cela; et *porc*, je crois,

(1) Réfractaires hors la loi.

est du bon franco-normand : ainsi donc, tant
que la bête est vivante et confiée à la garde d'un
esclave saxon, elle garde son nom saxon ; mais
elle devient normande et s'appelle porc, quand
on la porte à la salle à manger du château pour
y servir au festin des nobles.

— Que penses-tu de cela, mon ami Gurth?
Eh !...

— C'est la vérité toute pure, ami Wamba,
bien qu'elle ait passé par ta caboche de fou.

— Eh bien, je n'ai pas tout dit, reprit
Wamba sur le même ton ; il y a encore le vieux
alderman le Bœuf, qui garde son nom saxon *Ox*,
tant qu'il est conduit au pâturage par des serfs
et des esclaves comme toi, mais qui devient
Beef, un vif et brave Français, lorsqu'il se présente devant les honorables mâchoires destinées
à le consommer. Le veau, *Mynheer calve*, devient de la même façon *monsieur de veau* : il
est Saxon tant qu'il a besoin des soins du vacher,
et acquiert un nom normand quand il devient
matière à bombance.

— Par saint Dunstan! répondit Gurth, c'est
une triste vérité. Il ne nous reste guère que l'air
que nous respirons, et je crois que les Normands
ne nous l'ont laissé qu'après avoir bien hésité, et
uniquement pour nous mettre en état de suppor-
ter des fardeaux dont ils chargent nos épaules.

Les viandes les plus belles et les plus grasses
sont pour leur table, et nos plus braves jeunes
gens vont recruter leurs armées en pays étranger
pour y laisser leurs os : de sorte qu'il ne reste
ici presque personne qui ait le pouvoir ou la
volonté de protéger le malheureux Saxon. Que
le Ciel bénisse notre maître Cedric ! Il s'est
conduit en homme en restant sur la brèche. Mais
voilà Réginald Front-de-Bœuf qui arrive dans
le pays en personne, et bientôt nous verrons que
Cedric s'est donné tant de peines bien inutile-
ment.... Ici, ici, cria-t-il à son chien. Bien !
Fangs, bien ! mon garçon, tu as fait ton devoir.
Voilà enfin tout le troupeau réuni, et tu les
mènes comme il faut, mon garçon !...

. . . .

Et ce nouvel Eumée marchait à grands pas
dans l'avenue, chassant devant lui, à l'aide de
Fangs, son troupeau à la voix discordante.

LE JUGEMENT DE DIEU

Rebecca, jeune fille juive, est condamnée à mort. Le bûcher est disposé pour le supplice qu'elle va subir, si elle ne trouve un champion pour soutenir sa cause contre le templier Bois-Guilbert, son accusateur.

L'opinion générale était que personne ne voudrait embrasser la défense d'une juive condamnée comme sorcière, et déjà l'on se disposait à déclarer que Rebecca n'avait pas racheté son gage, lorsque tout-à-coup on vit dans la plaine un chevalier accourant à toute bride, et s'avançant vers le champ clos. L'air retentit des cris : *un champion! un champion!* et, en dépit des préjugés et des préventions de la multitude, il fut accueilli par des acclamations unanimes quand il entra dans la lice. Mais le second coup d'œil détruisit l'espoir que son arrivée avait fait naître : son cheval couvert de sueur semblait épuisé de fatigue, et le cavalier, quoiqu'il se présentât avec un air de confiance et d'intrépidité, paraissait avoir à peine la force de se soutenir sur la selle.

Un hérault d'armes s'étant avancé vers lui pour lui demander son rang, son nom, et le dessein qui l'amenait : « Je suis noble et chevalier, lui répondit-il avec fierté, je viens ici pour soutenir par la lance et l'épée la cause de Rebecca, fille d'Isaac d'York, pour faire déclarer injuste et illégale la sentence rendue contre elle, et pour défier sir Brian de Bois-Guilbert au combat à outrance, comme traître, meurtrier et menteur, ainsi que je le prouverai à l'aide de Dieu, de Notre-Dame et de monseigneur saint George, le brave chevalier.

» — Il faut d'abord, dit Malvoisin d'un ton d'humeur, que cet étranger prouve qu'il est chevalier et de noble lignage. Le saint ordre du Temple ne permet pas à ses champions de combattre des inconnus, des hommes sans nom.

» — Albert de Malvoisin, répondit le chevalier en levant la visière de son casque, mon nom est mieux connu, mon lignage est plus pur que le tien. Je suis Wilfrid d'Ivanhoé.

» — Je ne te combattrai point, s'écria Bois-Guilbert d'une voix altérée ; va faire guérir tes blessures, munis-toi d'un meilleur cheval, et peut-être alors daignerai-je consentir à te châtier de tes bravades.

» — Orgueilleux templier, répondit Ivanhoé, as-tu donc oublié que tu as déjà été deux fois terrassé par cette lance? souviens-toi du tournoi d'Acre et de la passe-d'armes d'Ashby! souviens-toi du défi que tu m'as porté dans le château de Rotherwood, des gages de bataille que nous avons déposés, toi ta chaîne d'or, moi mon reliquaire, et vois si tu pourras recouvrer l'honneur que tu as perdu. Par ce reliquaire, templier, et par la sainte relique qu'il contient, si tu ne consens à me combattre à l'instant, je te proclamerai comme un lâche dans toutes les cours de l'Europe, et dans toutes les commanderies de ton ordre.

» — Bois-Guilbert se tourna d'abord vers Rebecca d'un air irrésolu, puis il s'écria en lançant à Ivanhoé un regard farouche : — Chien de Saxon, oui, je te combattrai ! Prends ta lance ! Prépare-toi à la mort !

» — Le grand maître m'octroie-t-il le combat? demanda Ivanhoé.

» — Je ne puis le refuser, répondit Beaumanoir, si cette jeune fille vous accepte pour champion. Je voudrais seulement que vous fussiez plus en état de combattre.

» — Je demande le combat à l'instant, répondit Ivanhoé. C'est le jugement de Dieu, je mets en lui toute ma confiance.... Rebecca, ajouta-t-il en s'approchant d'elle, m'acceptez-vous pour votre champion ?

» — Oui, s'écria-t-elle avec la plus vive émotion ; oui, je t'accepte comme le champion que le ciel m'a envoyé ! Mais non, non, tes blessures ne peuvent être guéries ; n'attaque pas cet homme sanguinaire... pourquoi périrais-tu aussi ? »

Mais Ivanhoé ne l'entendait plus. Il était déjà à son poste dans la lice, avait pris sa lance des mains de son écuyer, et avait fermé la visière de son casque. Bois-Guilbert en fit autant, mais lorsqu'il ferma sa visière, on remarqua que son visage qui, pendant toute la matinée, avait été d'une pâleur mortelle, s'était couvert du pourpre le plus foncé, comme si le sang de son corps y eût reflué.

Le héraut voyant les deux champions en place, éleva la voix, et répéta trois fois : « Faites votre devoir, preux chevaliers ! » Il défendit ensuite que qui que ce fût, sous peine de mort, ne troublât les combattants par un cri, par un mot ou par un geste ; après quoi il se retira à l'extrémité de la lice. Le grand maître, qui tenait en main le gage de bataille, le gant de Rebecca, le jeta alors dans l'arène et prononça le signal fatal, en disant : « Laissez aller. »

Les trompettes sonnèrent, et les chevaliers s'élancèrent l'un contre l'autre.

Le cheval épuisé d'Ivanhoé, et son maître qui était encore loin d'avoir recouvré ses forces, ne purent résister au choc de la redoutable lance du templier, et roulèrent tous deux sur la poussière. Chacun s'attendait à cet évènement, mais ce qui surprit tout le monde, ce fut de voir Bois-Guilbert, dont le bouclier ne paraissait avoir été que faiblement touché par la lance de son adversaire, chanceler, perdre les étriers, et tomber sur l'arène.

Ivanhoé, se dégageant de son cheval, se releva sur-le-champ, et mit l'épée à la main, mais son antagoniste n'en fit pas autant. Wilfrid, lui plaçant un pied sur la poitrine, et lui appuyant sur la gorge la pointe de son épée, lui cria de se reconnaître vaincu, s'il ne voulait recevoir le coup de la mort. Bois-Guilbert ne répondit point.

« Epargnez-le, sir chevalier, s'écria le grand-maître, accordez-lui le temps du repentir; ne faites point périr à la fois son corps et son âme; nous le déclarons vaincu. »

Il s'avança dans le champ clos, et donna ordre qu'on détachât le casque du templier. Ses yeux étaient fermés et son visage enflammé; soudain ses yeux se rouvrirent, mais ils étaient fixes et éteints, et une pâleur mortelle se répandit sur ses traits : la lance de son ennemi ne lui avait pas donné la mort ; il périssait victime de la violence de ses passions.

« C'est véritablement le jugement de Dieu, dit le grand maître, en levant les yeux vers le ciel : *fiat volontas tuâ.* »

Ivanhoé.

LE CROISÉ

SUR LES RIVES DE LA MER-MORTE

Plusieurs introductions des ouvrages de Walter Scott sont admirables ; celle que nous donnons plus bas est de ce nombre. L'intérêt commence dès le début. L'exposition est pittoresque et dramatique ; la scène se passe sur les rives d'une mer qui porte encore les traces du courroux de l'Eternel.

Le soleil brûlant de la Syrie n'était pas encore arrivé au plus haut point de l'horizon, quand un chevalier de la croix-rouge qui avait abandonné sa demeure éloignée au nord de l'Europe, pour se joindre à l'armée des croisés dans la Palestine, chevauchait lentement à travers les déserts sablonneux des environs de la Mer-Morte, ou, comme on l'appelle, du lac Asphaltite, où les eaux du Jourdain se jettent comme dans une mer méditerranée, dont les ondes n'ont aucun écoulement.

Le guerrier pélerin avait voyagé péniblement entre les rochers et les précipices, pendant la première partie de la matinée ; plus tard, quittant ces défilés escarpés et dangereux, il était entré dans une grande plaine, où les villes maudites (1) provoquèrent autrefois la vengeance terrible du Tout-Puissant.

Le voyageur oublia la fatigue, la soif et les dangers du chemin, en se rappelant la catastrophe effrayante qui avait métamorphosé en un désert aride et affreux la belle et fertile vallée de Siddim, jadis arrosée comme le jardin du Seigneur, maintenant devenue un désert desséché, brûlé et condamné à une stérilité éternelle.

Il fit le signe de la croix, en voyant la masse noire d'eaux ondoyantes qui ne ressemblent ni en couleur ni en qualité à celles d'aucun autre lac, et il frissonna en se souvenant que, sous ces ondes croupissantes, étaient ensevelies les cités jadis si fières de la plaine, dont la tombe fut creusée par le tonnerre du Ciel. Leurs débris restent engloutis sous cette mer, qui ne contient pas un poisson vivant dans son sein, qui ne porte pas d'esquifs sur sa surface, et qui, comme si son lit était le seul réceptacle qui convînt à ses eaux

(1) Sodome, Gomorrhe.

impures, n'en envoie pas un tribut à l'Océan comme les autres lacs. La terre qui l'entourait n'était, comme dans le temps de Moïse, que sel et soufre ; on ne l'ensemençait pas, elle ne rapportait rien ; aucune herbe n'y croissait. L'épithète de *morte* pouvait s'appliquer à la terre aussi bien qu'à l'eau du lac, car on n'y apercevait aucune apparence de végétation, et l'air même était privé de ses habitants ailés, tous écartés, sans doute, par les vapeurs bitumineuses et sulfureuses, que les rayons brûlants du soleil pompent de la surface du lac. Ces vapeurs y prennent l'apparence d'un brouillard, et se montrent quelquefois sous la forme d'une trombe d'eau. Des masses de cette substance visqueuse et sulfureuse qu'on appelle naphte, et qui flottaient nonchalamment sur ces vagues aussi sombres qu'indolentes, fournissaient de nouvelles vapeurs à ces nuages roulants et semblaient appuyer d'un témoignage imposant la vérité de l'histoire de Moïse (1).

(1) « Le lac Asphaltite ou *Mer-Morte* est un réservoir commun, où aboutissent les eaux les plus claires, les plus limpides, les plus pures de l'Asie. Et pourtant le lac Asphaltite, long de vingt-quatre lieues sur trois ou quatre de largeur, n'est qu'un immense et transparent cloaque. Ces eaux si pures, aussitôt qu'elles y entrent, perdent leurs qualités primitives. « C'était autrefois, dit l'Ecriture sainte, une belle campagne couverte de jardins, ombragée de bocages délicieux. » Tout s'y est étrangement métamorphosé : « Le péché, s'écrie énergiquement le P. Naw, a fait un enfer de ce paradis. » Les terres d'alentour qui ressemblent à des cendres, et

Le soleil brillait avec une splendeur trop
éblouissante sur cette scène de désolation, et

sur lesquelles croissent seulement des herbes chétives, malfai-
santes, semblent réellement annoncer qu'une pluie de feu consuma
jadis jusqu'aux pierres. Les fruits noirâtres et amers, produits par
quelques arbustes d'une espèce singulière, étonnent l'imagination
presque autant que les autres phénomènes particuliers à ce lieu
maudit.

» Ces phénomènes sont, il faut en convenir, d'une nature bien
extraordinaire. Tous les corps, malgré leur pesanteur spécifique,
surnagent. Au rapport de Pline le naturaliste, l'empereur Vespasien
fit jeter dans ce lac plusieurs esclaves ayant les mains liées derrière
le dos; pas un n'alla au fond. Le marquis de Nointel, ambassadeur
de Louis XIV, à la Porte ottomane, après avoir été visiter Jérusalem en 1674, eut la curiosité d'aller voir *cet enfer humide*,
et de s'assurer, par le témoignage de ses propres yeux, de ce phé-
nomène toujours existant. Pococke, désirant aussi renouveler une
semblable expérience, s'élança courageusement dans la *Mer-Morte :*
il fatigua vainement, du poids de son corps, les eaux de cette mer
isolée. « Je flottais dessus, raconte ce voyageur, dans telle posture
qu'il me plaisait de prendre, sans jamais enfoncer. »

» Assez d'autres merveilles signalent, il est vrai, l'emplacement
de cette antique et fertile vallée. Aucune espèce de poissons ne peut
habiter les ondes bitumineuses du lac; et c'est parce que rien de
ce qui a vie ne peut y tenir qu'on la nomme *Mer-Morte.*

» Les oiseaux en fuient le lugubre voisinage, et les Arabes ne
passent qu'avec un saisissement d'horreur près de ses bords fameux.
« Tout y semble respirer l'horreur, dit l'auteur du *Génie du Christianisme;* les villes coupables qu'elle cache dans son sein semblent
avoir empoisonné ses flots.... Ses abîmes solitaires ne peuvent
nourrir aucun être vivant.... C'est une terre travaillée par des mi-
racles. »

» Flavius Josèphe dit qu'on apercevait, au bord du lac, les
ombres des cités détruites. Strabon donne soixante stades de tour
aux ruines de Sodome. Tacite parle de ses débris.

» Les Arabes nomment cette mer *Bahar-Loth;* ils offraient
autrefois de conduire à un pilier enduit de bitume, qu'ils mon-
traient comme la *statue de sel.* On croit reconnaître, dans un
monceau de ruines informes, celle de Gomorrhe. Cherchant, sur
le rivage de la mer, les vestiges des villes coupables, je vis en effet

toute la nature vivante paraissait s'être dérobée
à ses rayons, excepté l'être solitaire qui se promenait à pas lents sur le sable mobile, et qui
semblait la seule créature vivante qui fût sur
toute la surface de la plaine.

Richard en Palestine.

des restes de murailles, ceux d'une tour et quelques colonnes. Les
Arabes racontent des choses mystérieuses de ce lac et n'en parlent
qu'avec le respect le plus religieux. »

De Forbin, Voyage dans le Levaut.

THOMAS MOORE

⸻ ⸙ ⸻

Thomas Moore, célèbre poète anglais, né à
Dublin, le 28 mai 1780, auteur des *Mélodies
irlandaises*, et d'autres poésies qui ne sont pas
irrépréhensibles, enfin d'un *Voyage d'un gentilhomme irlandais à la recherche d'une religion*.
« Moore, dit Nodier, prodigue avec une facile
abondance, toutes les fantaisies de l'imagination
la plus riante. Il cherche le beau avec ardeur et
le cherche pour l'embellir. Sa main brode sur un
canevas d'or des scènes de prestiges et d'enchan-
tements ; et, non content de semer toutes ces
éblouissantes richesses qu'il va ravir à l'Orient,
comme dans un trésor ouvert, il ne croit pas son
ouvrage achevé, s'il ne varie leurs reflets au jeu
des rayons de tous les soleils…. Moore et Byron
sont des génies jumeaux, qu'on ne pourrait distinguer l'un de l'autre, s'il n'y en avait un de

tombé. Ils rappellent ces deux séraphins de Klopstock, éclos ensemble de la même pensée du Seigneur, et qui se séparèrent une seule fois, mais pour l'éternité, le jour de la révolte de Satan. »

Voici la conclusion de son ouvrage sur la *Recherche d'une religion*, panorama complet du protestantisme, où l'auteur a su représenter d'une manière piquante, à côté des erreurs dogmatiques, les vices et les scandales des réformateurs. « Il n'y avait donc plus à hésiter sur la conclusion à laquelle je devais m'arrêter. « Catholique ou déiste, disait Fénelon, il n'y pas d'autre alternative. » Le spectacle qu'offre actuellement le monde chrétien justifie pleinement cette assertion.

« Salut donc, Eglise une et véritable ! O vous, qui êtes l'unique voie de la vie, et dont les tabernacles seuls ne connaissent pas la confusion des langues ! Que mon âme se repose à l'ombre de vos saints mystères ! Loin de moi également et l'impiété qui insulte à leur obscurité, et la foi imprudente qui voudrait sonder leur secret. J'adresse à l'une et à l'autre le langage de saint Augustin : « Raisonnez, moi j'admire ; discutez, moi je croirai ; je vois la sublimité, je ne pénètre pas la profondeur. »

ADIEUX A MA HARPE

Chère harpe de ma patrie! je t'ai trouvée dans les ténèbres; la froide chaîne du silence pesait depuis longtemps sur toi; plein d'orgueil, je te saisis, ô harpe chérie de mon île natale! Je brisai tes liens, je te rendis à la lumière, à la liberté et aux chants! Les gémissements de la tendresse, les accents légers du bonheur, éveillèrent tes plus doux et tes plus vifs accords; mais tu as si souvent répété le profond soupir de la douleur, qu'il t'échappe encore au milieu de ta joie.

Chère harpe de ma patrie! adieu à tes accords : ce doux chant sera le dernier que tes cordes accompagneront. Va, dors! que le soleil de la gloire brille sur ton sommeil, jusqu'à l'heure où une main plus digne t'éveillera de nouveau. Si le cœur du patriote, du guerrier, a palpité en écoutant nos chansons, la gloire en est à toi; je

n'étais que la brise qui te caressait en passant;
comme elle, j'éveillais tes accords, dont la
douceur sauvage et inconnue appartient à toi
seule.

Mélodies irlandaises.

RETOUR A MA HARPE

Harpe chérie ! j'éveille encore une fois tes doux accords si longtemps assoupis ; à nos derniers adieux je t'ai baignée de larmes, et mes pleurs t'accueillent aujourd'hui. Aucune lueur de joie n'a brillé sur toi ; semblable à ces harpes, dont les accords célestes ont raconté un esclavage aussi sombre que le tien, tu es restée suspendue aux longs rameaux du saule.

Et cependant, depuis que tes cordes ont résonné pour la dernière fois, une heure de paix, de triomphe a sonné ; plus d'un cœur généreux a bondi d'espérance, maintenant ensevelie dans la honte. Alors même, quand la paix, planant sur la terre et la mer, chantait son hymne d'allégresse, quoiqu'elle apportât au monde la joie et l'espérance, elle n'apportait pour toi que de nouvelles larmes !

Qui peut donc demander les accents de la joie à tes cordes plaintives, ô ma harpe ! Hélas ! le chant joyeux et matinal de l'alouette résonnerait aussi mal au déclin du cygne! Comment, moi qui t'aime, qui te bénis, invoquerai-je ton souffle pour des accents de liberté, quand les guirlandes même, dont je te pare, sont tristement mélangées de chaînes et de fleurs.

Mais reprenons courage; si l'accent de l'allégresse peut encore t'animer, retrouve pour moi tes joyeux accords; montre au monde étonné combien ton harmonie peut encore être douce, malgré tes fers et ta douleur : avec quelle légèreté, au milieu des ténèbres qui t'environnent, tu peux encore t'éveiller au frisson de la joie; semblable à la statue brisée de Memnon qui, du sein des ruines, fait entendre de doux et harmonieux accents!

id.

ODE SUR L'IRLANDE

Oh! ne blâmez pas le barde, s'il vole aux bocages, où le plaisir, nonchalamment étendu, sourit à une vaine renommée : il était né pour de plus grandes choses, et dans des heures plus heureuses, son cœur aurait brûlé d'une flamme plus sainte; la corde qui, maintenant détendue, languit sur sa lyre, aurait fait plier l'arc pour la flèche du guerrier, et les lèvres qui soupirent l'hymne de la douleur auraient versé à flots les accents d'un cœur dévoué à la patrie.

Mais son pays, hélas! n'a plus le même orgueil! Cette âme fière est brisée, qui ne voulut jamais fléchir. Sur les ruines, ses enfants vont gémir en silence; car l'aimer, c'est trahir! la défendre, c'est mourir! Ses fils sont méprisés, s'ils n'ont pas appris à trahir. Ils vivent sans honneurs, s'ils ne rougissent pas de leurs pères, et la torche qui doit les éclairer dans le chemin de la gloire doit être pris au bûcher où leur pays expire.

Ne blâme donc pas le barde, si, dans les rêves enivrants du plaisir, il cherche à oublier des maux qu'il ne peut guérir. Oh! seulement une lueur d'espérance!... Qu'un rayon de lumière vienne à briller au milieu de ces ténèbres.... et puis voyez battre son cœur! Il déposera devant l'autel de la patrie les affections qui le captivent, les plaisirs qui le séduisent, et le myrte qui maintenant ombrage son front, comme la guirlande d'Harmodius couvrira son glaive.

Mais bien qu'il n'y ait plus de gloire, bien qu'il n'y ait plus d'espérance, ton nom, chère Irlande, vivra dans ses vers. A l'heure même où le plaisir enivrera son cœur, il ne perdra ni ton souvenir ni celui de tes outrages. L'étranger, dans ses campagnes, entendra tes gémissements; le soupir de ta harpe retentira par delà les mers; et tes maîtres eux-mêmes, alors qu'ils riveront tes chaînes, s'arrêteront à la voix de leur captif, et pleureront.

Mélodies.

FIN

— Lille. Typ. J. Lefort. 1885. —

A LA MÊME LIBRAIRIE :

En envoyant le prix en un mandat sur la poste ou en timbre-poste,
on recevra *franco* à domicile.

Les Poètes les plus célèbres : français, italiens, allemands, anglais, espagnols. in-8°.

Pierre Corneille : ses œuvres, sa vie intime ; par C. Guénot. in-12.

Jean Racine : sa vie intime et sa correspondance avec son fils ; par J. E. Roy. in-12.

Millevoye ; Notice biographique et récits tirés de ses poèmes : Goffin ou le héros liégeois ; la peste de Marseille, etc. ; par A. E. de l'Étoile. in-8°.

Jean Reboul, poète nimois ; par M. de Montrond. in-12.

Jasmin, poète d'Agen : étude biographique ; par le même. in-12.

Perles de la littérature contemporaine ; par Mme de Gaulle. grand in-8°.

Études et portraits ; par M. Poujoulat. in-8°.

Les Savants les plus célèbres ; par M. de Montrond. in-8°.

Variétés littéraires ; par M. Poujoulat. in-8°.

La Couronne de bluets ; par J. Aymar. in-18.

Guirlande de fleurs ; par le même. in-18.

La moisson des fleurs ; par le même. in-18.

— Lille, Typ. J. Lefort. —

www.ingramcontent.com/pod-product-compliance
Lightning Source LLC
LaVergne TN
LVHW020636200726
843508LV00002B/606